자연을 기록한 여성 과학자이자 예술가 마리아 메리안의 생각

곤충을 그려 보세요

> **일러두기**
>
> 인물의 생각과 가치관을 잘 전달하기 위해 다큐멘터리 형식에 맞춰 원서의 일부 내용을 다듬고 새롭게 구성하였습니다.

Original title: LA RAGAZZA DELLE FARFALLE -Maria Sibylla Merian si racconta
Text by Annalisa Strada
Illustrations by Elisa Macellari
Progetto grafico: Alessandra Zorzetti
© 2024 Editoriale Scienza S.r.l., Firenze-Trieste
www.editorialescienza.it
www.giunti.it
All rights reserved
Korean translation rights arranged through Icarias Agency
Korean translation © 2025 BookInFish Publishing

이 책의 한국어판 저작권은 Icarias Agency를 통해 Editoriale Scienza S.r.l.과 독점 계약한 책속물고기에 있습니다.
저작권법에 의하여 한국 내에서 보호를 받는 저작물이므로 무단 전재와 무단 복제를 금합니다.

❋ 사진 출처
© Geschenk von Louise Bachofen-Burckhard | 8쪽, 114쪽
네덜란드 위트레흐트 대학 도서관 | 8쪽, 89쪽, 101쪽, 107쪽
독일 프리드리히 알렉산더 에를랑겐-뉘른베르크 대학 도서관 | 15쪽, 67쪽
미국 미니애폴리스 미술관 | 79쪽
작센주 및 드레스덴 대학 도서관 | 8쪽, 35쪽, 59쪽

자연을 기록한 여성 과학자이자 예술가 마리아 메리안의 생각

곤충을 그려 보세요

아날리사 스트라다 글 | **엘리사 마첼라리** 그림 | **김배경** 옮김 | **장이권** 해설

추천하는 글

자연을 관찰하고 공감하고 기록하고 해석한
마리아 지빌라 메리안

"곤충을 자세히 그려 본 적 있나요?"

곤충형태학, 대학원 첫 학기에 들은 그 수업이 내 인생의 방향을 바꿔 놓았어요. 곤충의 외부 구조를 세밀하게 그리고 각 부분의 명칭을 적는 실습이었지요. 처음에는 부담스러웠지만, 곤충의 형태를 따라 그리면서 점차 그 구조의 기능을 이해하게 되었고, 곤충을 단순히 작은 생물이 아닌, 아주 섬세한 예술적 구조를 지닌 생명체로 인식하게 되었어요. 과학자는 현미경으로 자연을 들여다보지만, 그 세상을 정밀하게 남기려면 예술가의 감성과 손이 필요하다는 사실을 이 수업을 통해 깨달았지요.

"우리가 미처 몰랐던 마리아 지빌라 메리안을
발견하는 이야기예요."

『곤충을 그려 보세요』는 내게 각별한 울림을 주었어요. 이 책은 17세기 여성 과학자이자 예술가였던 마리아 지빌라 메리안의 목소리를 빌려, 한 사람이 자연을 사랑하고 탐구하는 방식이 얼마나 아름답고도 치열할 수 있는지를 전해 줘요. 무엇보다 눈길을 끄는 것은, 당시 곤충을 해충으로만 여겼던 고정관념 속에서, 어린 소녀가 애벌레를 키우고 고치에서 나방이 나오는 전 과정을 직접 관찰하며 곤충의 변태 개념을 '발견'했다는 사실이었어요. 이 발견은 단순한 자연 관찰을 넘어, 생명의 변화와 순환을 그 자체로 이해한 마리아 메리안의 세계관으로 이어지지요.

"자연은 순간적으로 드러나지 않아요.
오랜 기다림과 반복되는 관찰,
그리고 그것을 견딜 수 있는 사랑이 있어야 해요."

이 책은 아이들이 자연을 바라보는 눈을 완전히 바꿔 줄 수 있는 이야기예요. 마리아 메리안이 고치에서 나방이 나오기까지의 모든 과정을 기다리고 기록했던 장면은, 내가 여름밤을 새워 귀뚜라미 소리를 녹음하고 분석했던 시간과 맞닿아 있어요. 자연을 관찰하려면 자연의 속도에 맞춰 기다릴 줄 알아야 하지요.

마리아 메리안은 곤충만을 그리지 않았어요. 곤충이 머무는 잎과 꽃, 뿌리와 열매도 함께 그렸지요. 왜냐하면 생명은 관계 속에서만 온전히 이해될 수 있기 때문이에요. 곤충과 식물, 먹이와 포식자, 자연과 인간은 서로 연결되어 있으며, 마리아 메리안은 그 복잡한 생태적 맥락을 한 컷의 그림에 담아냈어요. 이것은 오늘날 생태학이 강조하는 통합적 사고와도 맥을 같이하지요. 아이들이 이 책을 읽고 곤충을 그릴 때, 그 배경에 있는 식물과 환경까지 상상하게 된다면, 이미 과학자이자 예술가로서 첫발을 디딘 셈이에요.

"이제, 과학과 예술의 경계를 넘나든 인물들을 눈여겨볼 시간이에요."

역사 속에는 마리아 메리안처럼 자연을 관찰하고 기록한 인물들이 더 있어요. 알브레히트 뒤러는 '야생 토끼'와 '큰 쐐기풀 잎'과 같은 그림으로 살아 있는 생물을 예술적 감각으로 정밀하게 묘사했으며, 존 제임스 오듀본은 『아메리카의 새들』을 통해 새의 생태와 행동을 예술적으로 표현했어요. 에른스트 헤켈은 방산충과 해파리를 기하학적 아름다움으로 표현해 과학적 정밀성과 시각 예술을 하나로 통합시켰고요. 비록 예술가로 불리지는 않았지만, 찰스 다윈이 『비글호 항해기』에서 보여 준 자연에 대한 묘사는 감성적 공감과 과학적 통찰이 결합된 뛰어난 자연 기록이에요. '피터 래빗' 시리

즈로 유명한 작가, 비어트릭스 포터와 위대한 지리학자이자 탐험가, 알렉산더 훔볼트 역시 관찰과 기록을 예술로 승화시켰어요.

"자연을 대할 때 편견 없이 관찰하는 태도,
지식을 나누기 위한 그림의 역할, 그리고 무엇보다
생명을 사랑하는 감수성을 배워요."

오늘날 생물학자이자 생태학자인 나의 일상은, 어쩌면 조금 다른 방식이지만 마리아 메리안이 자연을 관찰하고 공감하고 기록하고 해석했던 일을 이어 가고 있다고 생각해요. 나는 마리아 메리안처럼 개구리와 새와 곤충을 관찰하고, 다른 이들과 그 아름다움과 의미를 나누고자 하니까요. 이 책은 바로 그런 길로 아이들을 초대해요. 아이들이 이 책을 읽고 곤충을 그리고, 자연의 경이로움에 마음을 열게 된다면, 우리는 이미 다음 세대의 과학자이자 예술가를 만난 거예요.

— 장이권
(이화여자대학교 에코과학부 교수, 야외생물학자)

차례

추천하는 글
자연을
관찰하고 공감하고
기록하고 해석한
마리아 지빌라 메리안
04

#첫 번째 장면
곤충의 변태를 처음 발견한
열세 살 아이

10

#두 번째 장면
자연과 예술을
가까이하는
가족

16

#세 번째 장면
꽃을 특별하게
그리는 방법

28

#네 번째 장면
연구하는 예술가

36

#다섯 번째 장면
나의 첫 번째
과학 그림책

46

#여섯 번째 장면
곤충학의 시작
60

#일곱 번째 장면
성장하려면 변해야 한다
68

#여덟 번째 장면
학문과 예술과 상업의 중심지에서
80

#아홉 번째 장면
쉰두 살에 떠난 마지막 모험
90

#열 번째 장면
고치에서 나오는 나방처럼 살아온 인생
102

부록
장면 밖 이야기

★ 마리아 메리안을 만나다
★ 5가지 과학과 예술 키워드로 보는
   마리아 메리안의 삶

108

첫 번째 장면

곤충의 변태를 처음 발견한 열세 살 아이

"나는 열세 살 때
곤충의 변태 과정을 스스로 알아냈어요.
호기심을 가지고 생명체를
오랫동안 관찰한 덕분이었지요."

"애벌레가 나방이 됐어!"

내 눈앞에 믿기 힘든 일이 벌어졌어요. 애벌레가 고치를 만들어 그 속으로 들어가고, 시간이 지나 고치를 뚫고 나온 것은 애벌레가 아니라 날개 달린 나방이었지요. 열세 살, 어린 나이에 관찰하게 된 광경은 마치 마법 같았어요.

곤충의 변태를 처음 발견한 그날, 나는 진짜 세상을 알게 되었어요.

내 이름은 마리아 지빌라 메리안이에요. 1647년 4월에 독일 프랑크푸르트에서 태어났지요. 나는 과학자이자 예술가였어요. 한평생 자연을 과학자의 눈으로 관찰하고 예술가의 손으로 그림을 그려 기록했지요.

나는 어릴 적부터 곤충이 좋았어요. 하지만 내가 살던 17세기 유럽에서는 곤충을 해롭고 불길하게 여겼지요. 곤충은 오래된 음식물, 죽은 동물의 몸, 똥, 쓰레기, 진흙처럼 더럽고 썩은 곳에서 자연적으로 생겨난 생물이라고 생각했어요. 그래서 애벌레가 나비로 탈바꿈한다고 믿지 않았지요. 심지어 나비는 날씨가 따뜻해지면 하늘에서 뚝 떨어지듯 나타났다가 가을이면 사라지는 '여름새'라고 생각했다니까요.

나는 모든 생물에 호기심을 가지고 관찰하기를 좋아해서, 집에서 누에나방 애벌레도 길렀어요. 직접 잎사귀를 모아 먹이로 주면서요.

그렇게 알에서 태어난 애벌레를 돌보다가 아주 놀라운 일을 발견했어요. 누에나방 애벌레는 가느다란 실을 입으로 토해 내고, 그 실을 휘감아 고치를 만들어 그 속에 들어갔지요. 나는 다른 사람들처럼 비단실을 얻으려 끓는 물에 누에고치를 담그지 않고 끈기 있게 기다렸어요. 한참 뒤에 고치를 뚫고 나온 것은 애벌레가 아니었지요. 날개가 달린 멋진 누에나방이었어요. 애벌레는 고치 안에서 나방으로 탈바꿈한 것이었지요! 누에나방처럼 곤충이 알에서 어른벌레가 될 때까지 몇 차례 형태를 바꾸는 일을 '변태'라고 해요.

"나비와 나방은 그냥 생겨나지 않아. 사람들이 해충이라 생각하는 애벌레가 탈바꿈한 거야!"

나는 열세 살 때 곤충의 변태 과정을 스스로 알아냈어요. 호기심을 가지고 생명체를 오랫동안 관찰한 덕분이었지요.

통통한 애벌레가 나방이 돼 깃털같이 가볍게 날아가는 모습은 신기하고 신났어요. 동시에 내 머릿속에 질문이 꼬리에 꼬리를 물었지요. '저 곤충은 어떤 삶의 단계를 거칠까?', '형태는 몇 번이나 바뀔까?', '어떻게 하나의 개체가 온전히 다른 모습으로 바뀔 수 있는 걸까?' 하고 말이에요.

나는 알에서 애벌레가 나오고, 애벌레가 고치를 만들어 그 안에서 번데기가 되고, 고치에서 나방이 나오는 과정을 관찰하는 데서 그치지 않고, 글과 그림으로 빠짐없이 기록했어요.

나는 곤충을 그리면서 곤충이 사는 자연환경도 함께 그려야 한다고 생각했어요. 곤충도 사람처럼 각자 좋아하는 곳이 따로 있거든요. 곤충을 잘 이해하려면 그 곤충이 먹고 살아가는 식물도 함께 알아야 하는 법이지요.

곤충과 식물은 떼려야 뗄 수 없는 관계예요. 곤충을 따라가다 보면 식물이 있고, 식물을 들여다보면 곤충이 있지요. 공존의 의미를 깨달았기 때문에 나는 남들과 다른 과학 그림을 그릴 수 있었던 거예요.

『애벌레의 경이로운 변태와 독특한 꽃 먹이』중에서
뽕나무의 열매와 잎, 누에나방의 알과 애벌레,
번데기, 고치를 묘사한 그림이에요.
마리아 메리안은 열세 살 때 누에고치를 관찰하면서
곤충의 변태 과정을 최초로 알아냈어요.

두 번째 장면

자연과 예술을
가까이하는 가족

"나는 예술가 가족에 둘러싸여 자란
행운아였어요. 예술가들이 어떻게 생각하고
행동하는지 보고 느낄 수 있었으니까요."

"마리아, 넌 그림 그리는 솜씨가 남달라!"

나는 예술적 재능을 타고났고, 태어나자마자 당연하고 자연스럽게 예술을 익혔어요. 바로 아버지, 마테우스 메리안 덕분이었지요. 아버지는 출판업자이자 판화가였거든요.

아버지의 작업실은 늘 활기찼어요. 인쇄를 찍는 데 필요한 기계와 동판과 잉크가 가득했고, 탐험가나 다양한 분야의 학자 등 책에 관심이 있는 손님들이 드나들었거든요.

아버지가 출판한 책 『위대한 항해』가 베스트셀러가 되기도 했어요. 탐험가 크리스토퍼 콜럼버스가 아메리카 대륙을 탐험하는 모습이 담긴 책이었지요. 잘 알려지지 않은 세상은 사람들의 흥미를 돋우었어요. 어쩌면 그때부터 내 마음속에 모험심이 들썩였는지도 몰라요.

아버지는 지도 제작자이기도 했는데, 무엇보다 도시를 잘 그리기로 유명했어요. 뛰어난 솜씨와 정교한 기술로 도시의 아름다움을 그림으로 재창조했지요. 생생한 묘사가 돋보이는 아버지의 작품을 보고 있으면, 그림 속으로 들어가 신나게 돌아다니고 싶은 기분이 들었어요.

"이리 오렴, 우리 귀염둥이 막내딸 마리아."

아버지는 내가 호기심 가득한 눈으로 작업실을 누비는 일을 반겼어요.

아버지가 나를 쓰다듬어 줄 때마다 손끝에서 늘 잉크 냄새가 났어요. 산의 높낮이와 강물의 깊이, 건물 지붕들의 윤곽과 도시를 훑고 지나는 복잡한 도로를 지도에 담아내려면 온종일 잉크와 씨름할 테니까요. 아버지는 그만큼 꼼꼼하고 섬세하며 장인 정신이 투철했고, 유럽에서 명성이 자자했어요.

아버지에게는 원래 여섯 명의 아이들이 있었고, 두 번째로 결혼하고 나서 내가 태어났어요. 이복형제 가운데 마테우스 오빠와 카스파어 오빠가 나를 잘 챙겨 주었지요. 두 오빠도 아버지를 닮아 그림에 소질이 있었어요. 그래서 아버지의 작업실에서 출판 일을 도왔지요.

불행히도 아버지는 내가 세 살 때 지병으로 세상을 떠났어요. 1650년이었지요. 나는 세상이 무너지는 것 같았어요. 너무 어려서 아버지 얼굴이 잘 떠오르지 않는 바람에 더욱 서러웠지요.

나중에 마테우스 오빠가 그린 가족 초상화를 보게 되었어요.

그림 속 아버지 얼굴을 가만히 살폈지요.

"아버지가 나랑 많이 닮은 것 같아요."

"맞아. 마테우스가 정말 잘 그렸구나."

어머니는 빙그레 웃으며 고개를 끄덕였어요.

이번에는 어머니를 소개할게요. 어머니 이름은 요하나 지빌라 하임이에요.

어머니는 수집하는 일을 좋아했고, 나는 어머니의 진품실을 좋아했어요. 진품실은 특이하고 진귀한 물건들을 모아 놓은 방이에요. 당시 유럽에서는 귀족이나 부유한 상인들이 취미로 진품실을 꾸몄지요.

"이곳은 호기심의 방이에요!"

나는 진품실을 이렇게 불렀어요. 흥미로운 물건이 아주 많았거든요. 어머니의 진품실에서 가장 빠져든 물건은 여러 가지 빛깔의 가루를 담은 유리병이었어요. 물감을 만들 수 있는 안료 가루들이었지요. 그런 안료들은 광물과 식물 등 자연에서 온 것이었어요.

"자, 마리아. 이제 밖으로 나가 볼까?"

어머니는 호기심의 방에 푹 빠져 있는 나를 집 바깥에 있는 자연으로 이끌었어요.

어머니와 나는 햇빛을 가려 주는 모자를 쓴 다음 옆구리에 바구니를 끼고 밖으로 나갔어요. 어머니는 식물들을 훤히 꿰뚫고 있었지요. 꽃, 이파리, 꽃봉오리를 하나하나 짚으며 나에게 가르쳐 주었어요.

"집에 가져가도 되는 식물이 있는가 하면, 야생에서 자라도록 내버려둬야 할 식물이 있어. 절대 건드리면 안 되는 식물도 있지. 식물의 색깔을 잘 보렴. 빛깔을 보면 열매 맺을 때가 됐는지, 독이 있는지 알 수 있으니까."

나는 어머니가 가르쳐 준 대로 식물을 채집하고, 만지고, 냄새 맡고, 맛보기도 했어요.

이제까지 아무도 찾지 못한 식물을 처음 발견한 사람처럼 질문을 퍼붓기도 했어요. 그러면 어머니는 열정적으로 맞장구쳐 주었지요.

"예쁜 꽃을 찾았구나! 줄기가 어쩜 이리도 곧게 뻗었을까."

그런 다음 자신이 아는 지식을 나에게 일러 주었어요.

어머니는 바구니에서 삽을 꺼내 식물의 뿌리를 캐내기도 했어요. 나는 옆에 쪼그리고 앉아 그 모습을 지켜보았지요. 파헤친 땅에서 피어오르는 흙 내음이 콧구멍을 간지럽혔어요. 눈을 감고도 기름진 흙인지, 메마른 흙인지 구분할 수 있었지요.

"와, 곤충이에요!"

흙더미 사이로 숨어 있던 세계가 드러났어요. 지렁이, 집게벌레, 딱정벌레 그리고 이름 모를 곤충들이 갑자기 새어 든 공기와 햇볕과 사람 손길에 놀랐는지 후다닥 달아났지요.

어머니는 곤충을 보고도 호들갑을 떨거나 징그럽다고 떨치지 않았어요. 오히려 곤충들이 다치지 않도록 조심스럽게 옆으로 옮겨 주었지요.

나도 곤충 가까이에 손을 갖다 댔어요. 그러자 곤충이 내 손을 타고 기어 올라왔지요. 손이 간질간질하고, 따끔 물리기도 했지만 참을 만했어요. 그 무엇도 내가 곤충을 관찰하는 일을 막을 수는 없었지요.

"곤충은 신기하게 생겼어요."

"어떻게 생겼는지 말해 줄래?"

내가 어머니에게 식물에 대해 묻듯이 이번에는 어머니가 나에게 곤충에 대해 물었어요.

"곤충 다리는 사람 다리처럼 몸통과 잘 분화되어 있어요. 그리고 길든 짧든, 통통하든 날씬하든 곤충 다리는 항상 여섯 개예요!"

"그리고 또 어떻니?"

"가만 보니까 곤충 몸통은 머리, 가슴, 배 이렇게 세 부분으로 나뉘어 있네요."

"와, 우리 딸은 눈썰미가 정말 뛰어나구나."

어머니는 감탄하듯 나를 칭찬해 주었어요.

당시 사람들은 곤충을 싫어하고, 아름다운 나비조차 죽은 자의 영혼이라며 무서워했어요. 하지만 다행히도 우리 가족은 그런 미신을 강요하지 않았지요. 오히려 나는 가족에게서 자연을 자유롭게 탐색하고 편견을 갖지 않도록 배우며 자랐어요.

누군가 시키지 않았음에도 나는 자연을 그림으로 끼적였어요. 내가 어릴 때 그린 그림을 보면 영락없는 어린아이의 낙서이면서도 나름 식물과 곤충을 있는 그대로 표현하려 애쓴 것을 알 수 있었지요.

나는 예술가 가족에 둘러싸여 자란 행운아였어요. 예술가들이 어떻게 생각하고 행동하는지 보고 느낄 수 있었으니까요.

부모님의 서재나 작업실에 들어가면 내가 가야 할 길을 분명히 알 수 있었어요. 나는 종이의 재질과 다양한 안료를 구분할 수 있었지요. 판화 도구를 다루고, 동판에 산성 용액을 조심스럽게 부을 줄도 알았고요. 아버지처럼 말이에요. 식물을 구분하고 채집하는 법도 제법 잘 해냈어요. 어머니처럼 말이에요.

어릴 적부터 남달리 영리하고 재능이 뛰어난 아이였기에, 누구도 나를 말리지 않았고, 나 역시 멈출 이유가 없었어요. 그때 나는 그저 내가 잘하는 일을 더 잘하고 싶었을 뿐이었지요.

세 번째 장면

꽃을 특별하게 그리는 방법

"나에게 꽃은
탐험 거리가 무궁무진한 하나의 우주였어요.
직접 관찰하고 요리조리 뜯어보면서
나만의 우주를 개척해 나갔지요."

 꽃과 곤충은 서로 영향을 주며 완벽하게 균형을 이루어요. 꽃은 뿌리부터 꽃잎 끝자락까지 생명 그 자체예요. 그리고 외로울 틈이 없지요. 벌이 주위를 날아다니고, 나비와 무당벌레, 파리도 꽃 가까이에 머무르니까요. 줄기와 꽃받침에는 진딧물, 가루깍지벌레, 곰팡이가 번식하고, 뿌리와 잎사귀에는 지렁이, 귀뚜라미, 메뚜기, 땅강아지 같은 곤충이 무수히 붙어살고요.
 나에게 꽃은 탐험 거리가 무궁무진한 하나의 우주였어요. 직접 관찰하고 요리조리 뜯어보면서 나만의 우주를 개척해 나갔지요.
 꽃을 그림으로 옮길 때는 개체를 이루는 각 부위의 비례를 표현하는 데 신경을 썼어요. 꽃술을 둘러싸고 있는 꽃잎도 한 장 한 장 꼼꼼하게 살펴보았지요. 그런 다음 줄기가 시작되는 꽃받침부터 얽히고설킨 뿌리까지 그려 내려갔어요. 꽃마다 생김새가

다 달라 어느 하나 똑같지 않았지요. 그리고 어느 하나 놓치고 싶지 않아서 종이가 꽉 차도록 크게 그리는 것을 좋아했어요.

나는 꽃을 그리는 일뿐만 아니라 테이블보 자수 도안도 만들었어요. 자수는 옷감이나 헝겊 따위에 여러 가지 색실로 그림, 글자, 무늬 따위를 수놓는 일인데, 그림과 닮은 점이 많았지요. 한 땀 한 땀 뜨는 바느질은 붓질과 비슷했고, 여러 가지 색깔의 실을 고르는 일은 물감을 고르는 일과 비슷했거든요. 그리고 무엇보다 자수와 그림 그리기 모두 아주 뛰어난 집중력과 정확성, 인내심이 필요한 작업이지요. 나중에 식물 그림으로 자수 도안을 만들어 팔기도 했는데, 이것이 제법 인기를 끌었어요.

나는 우리 집에 그림을 배우러 오는 부잣집 여자들 틈에 앉아 같이 시간을 보냈어요. 그리고 누군가 나한테 조언을 구하면 어깨가 으쓱했지요.

"마리아, 이 부분에 황토색이 어울릴까, 노란색이 어울릴까?"

예쁜 모자를 쓴 숙녀가 물었어요.

나는 매의 눈으로 작품을 살핀 다음, 깜짝 놀랄 만한 대답을 했어요.

"파란색은 어때요? 시선을 사로잡을 수 있을 거예요!"

그 숙녀는 생각지 못했던 대답을 듣고 의아한 표정을 짓다가 내 말대로 파란색을 칠하고서 이내 고개를 끄덕였어요.

"역시 타고난 재능이야."

그걸 보고 다른 숙녀들도 서로 질세라 질문을 던졌어요.

"마리아, 이 꽃잎을 강조하고 싶은데, 어떻게 그리면 좋을까?"

"초록색이 너무 연한 것 같지 않아?"

"내가 그린 나뭇가지 좀 봐 줘."

나에게 질문이 쏟아져도 전혀 성가시지 않았어요. 내 도움으로 평범하기 짝이 없던 그림에 생기가 돌아나는 것을 보면 오히려 신나고 뿌듯했거든요. 마치 알에서 무엇이 나올지 부화를 기다리는 마음과 같았어요.

17세기 유럽에서는 꽃을 갈망하는 열기가 뜨거웠어요. 꽃은 최신 유행하는 패션 같은 것이었지요. 귀족과 상류층 사람들은 집 안에 온실과 정원을 만들고 아프리카와 아시아, 아메리카 대륙에서 들여온 식물을 심고 재배했어요. 누가 가장 아름답고 희귀하며 이국적인 식물을 키우는지가 화제였지요.

이따금 이름난 수집가들의 집에 초대받아 온실과 정원을 구경할 기회가 있었어요. 그 사람들이 수집한 식물들을 관찰하고 스케치를 한 다음, 집에 돌아와 채색을 했지요. 다른 사람들은 보면서 이야기를 나누는 것에 만족했지만, 나는 더 나아가 그림으로 옮겨야만 직성이 풀렸어요.

진귀한 꽃을 내 눈으로 보고 그리고 싶다는 열망이 너무 컸던 탓에 한번은 넘지 말아야 할 선을 넘고 말았어요.

어느 백작의 정원에 튤립이 탐스럽게 피어 있었어요. 튤립은

당시에 아주 귀한 꽃이었지요. 나는 튤립에서 눈을 뗄 수 없었어요. 그 정원에서 가장 크고 아름다운 표본이었지요. 꽃 중심부에 검붉은 빛깔이 감돌고, 수 킬로미터 밖의 나비와 벌도 끌어당길 듯 강렬한 향기를 풍겼어요.

 주위를 둘러보니 아무도 없는 거예요. 나는 재빨리 손을 뻗어 줄기까지 통째로 꺾고 말았지요. 들키지 않으려고 치마 속에 튤립을 숨기고 서둘러 백작의 집을 나섰어요. 얼른 집에 가고 싶어 좀이 쑤셨지요.

 집에 돌아와 터질 듯한 가슴을 누르며 튤립의 형태를 스케치하고 꼼꼼히 살펴본 다음 꽃잎을 한 장 한 장 그려 나갔어요. 꽃술과 꽃밥, 씨방도 빠뜨리지 않고 그렸지요.

 꽃의 구조를 부위별로 살펴보면서, 나는 왜 튤립을 터번을 뜻하는 튀르키예어인 '튈벤드'라고 하는지 이해할 수 있었어요. 꽃잎이 벌어지지 않고 서로 감싸듯 붙어 있는 독특한 구조 때문에, 마치 터번을 단정하게 두른 것처럼 보였기 때문이에요.

"마리아! 냉큼 이리 와!"

 어머니가 쩌렁쩌렁하게 외치는 바람에 온 집 안의 유리창이 흔들리는 것 같았어요. 어머니는 좀처럼 화를 내지 않는데, 지금은 단단히 화가 난 것 같았지요.

 나는 곧장 어머니에게 달려갔어요. 어머니가 부엌 한가운데 팔짱을 끼고 서 있었지요.

"무슨 일이에요, 엄마?"

"너 요즘 튤립을 그리던데, 어디서 났니? 설마 귀한 튤립을 주인 허락도 없이 꺾어 온 거야?"

어머니가 혼을 내자, 튤립을 요리조리 뜯어보고 음미하며 느꼈던 기쁨이 순식간에 죄책감으로 바뀌었어요.

"정말 죄송해요. 튤립을 자세히 보고 싶어서 참을 수가 없었어요. 다시는 안 그럴게요."

어머니는 백작을 찾아가 정식으로 사과하라고 했어요. 어머니 말이 맞았지요. 부끄러워서 얼굴이 화끈거렸어요. 나도 내가 잘못했다는 것을 잘 알았지요.

그릇된 행동이었지만, 그 일을 계기로 내가 어떤 사람인지 분명히 깨달았어요. 목표를 달성하기 위해서라면 물불 가리지 않는 성격이라는 사실을요. 이런 내 성격은 인생의 갈림길에서 망설이지 않고 선택할 수 있는 커다란 힘이 되었지요.

『꽃 그림책』 1권 중에서 튤립을 표현한 그림이에요.
마리아 메리안은 꽃의 구조를 세세하게 보여 주고,
향기까지 담고 싶은 마음으로 생동감 넘치게
그림을 그렸어요.

네 번째 장면

연구하는 예술가

"그림을 공부할수록
그림을 잘 그리는 재주도 중요하지만,
그림을 잘 표현하기 위해 끊임없이
연구해야 한다는 사실을 깨달았어요."

잉크 냄새, 온갖 종이들, 인쇄기가 철컥거리는 소리……. 새아버지의 작업실은 책과 그림, 동판과 안료로 가득했어요. 마치 예술의 실험실 같았지요. 나는 새아버지의 작업실에서 '색'을 제대로 알게 되었어요. 자연 재료에 따라 다양한 색이 태어나고, 그 색이 붓끝에서 숨 쉬는 과정을 보고 듣고 익혔지요.

이 모든 일은 어머니가 야코프 마렐과 결혼하면서 시작되었어요. 새아버지는 출판업자이자 판화가이며 화가였지요. 새아버지 집에서는 온 가족이 함께 일했어요. 새아버지가 만드는 판화는 제작 과정이 복잡했기 때문에 가족이 서로서로 거들어야 했지요. 그래서 나는 더 정밀하게 인쇄 작업을 배웠어요.

나는 학교에 가는 대신 집에서 읽고 쓰는 법과 수학을 배웠어요. 미술, 생물, 물리, 화학, 건축 등 다른 과목은 집안일을 돕고 가족들과 함께 지내면서 스스로 깨쳤지요. 자연을 가까이하고 가업으로 예술을 하는 집안 환경 덕분에 늘 새로운 문물을 접하고 배울 수 있었어요.

"마리아, 내가 그림 그리는 법을 제대로 알려 주마."

새아버지는 내가 예술적으로 재능이 뛰어나다는 사실을 알아보고, 그림을 가르쳐 주었어요. 새아버지는 꽃을 그리는 정물 화가로 유명했지요. 전문 화실이 있었고, 거기서 그림을 배우는 제자도 꽤 있었어요.

나는 새아버지의 화실에서 일하면서 그림 그리는 일뿐만 아니라 붓과 같은 미술 도구를 만드는 법부터 광물을 곱게 갈아서 물감을 만드는 법까지도 배웠어요. 손재주가 좋아서 무엇이든 빨리 습득했지요.

그림을 공부할수록 그림을 잘 그리는 재주도 중요하지만, 그림을 잘 표현하기 위해 끊임없이 연구해야 한다는 사실을 깨달았어요.

그중 내가 가장 몰두한 일은 색채 실험이었어요. 그림을 그릴 때뿐만 아니라 인쇄 작업을 하면서 다양한 색채를 다루었기 때문에 늘 새로운 색에 도전해야 했지요.

예술가들은 정확한 비율로 원색을 섞어 새로운 색을 창조하는 한편, 천연 재료에서 직접 색을 추출하려고 애썼어요. 마치 너도 나도 연금술사가 된 것 같았지요. 색을 잘 만들어야지만 전 세계에서 손꼽히는 예술가가 될 수 있었어요.

당시에 색을 추출한 여러 가지 예를 들어 볼게요. '네이플스 옐로'는 주석과 납, 안티몬이라는 세 가지 화학 원소로 만든 노란색이에요. '인디언 옐로'는 아시아에서 얻은 색상으로, 망고 잎을 먹인 소의 오줌에서 추출한 색이지요. 빨간색은 철광석(황토색)과 작은 연체동물을 갈아 낸 덩어리(보라색), 연지벌레(선홍색), 산화납(연홍색), 황화수은(검붉은 색)에서 얻었어요. 파랑은 공작석에 탄산동을 섞거나(청록색), 쪽이라 불리는 식물을 물에 불렸고(남색), 은 채석장에서 얻은 것(코발트색)은 가격이 꽤 나갔어요.

자연에서 얻어 오는 색채는 정말 다양했어요. 색채에 대해 파고들수록 욕심이 났지요. 더 멋진 색채를 만들어 더 완벽하게 자연 그대로를 그림으로 재현하고 싶었어요.

색채를 연구하면서도 꽃 그리는 일을 멈추지 않았어요. 그러던 어느 날, 새아버지가 나를 불렀지요.

"마리아, 이것 좀 보렴. 멋지지 않니?"

새아버지가 흥분한 얼굴로 꽃이 그려진 아주 예쁜 접시들을 가져와 보여 주었어요. 훗날 미술 역사의 한 페이지를 장식한 '네덜란드 꽃 정물화'의 견본이었지요.

17세기 네덜란드는 탐험가들의 나라이자 국제 교역의 심장부였어요. 그래서 항구에는 다양한 대륙에서 진귀한 꽃들을 뿌리째 싣고 온 배들이 줄지어 정박해 있었지요.

"네덜란드 화가들은 별의별 꽃들을 접할 기회가 많아. 그래서 꽃이 가진 아름다움을 그림에 그대로 담고자 노력하지."

네덜란드 출신인 새아버지는 네덜란드의 꽃 그림을 입이 마르도록 칭찬했어요. 새아버지 말대로 꽃 그림은 대단했지요.

"꽃이 뿜어내는 향기와 힘을 화려한 색감으로 생동감 있게 표현했네요. 인기가 많을 만해요."

나는 다채로운 꽃 그림들을 보며 내가 보지 못한 꽃의 형태와 향기를 마음껏 상상했어요. 언젠가 꼭 저 희귀한 꽃들을 직접 눈으로 보고 내 손으로 그려 보고 싶다고도 생각했지요.

그 뒤로 나는 꽃 그림에 더욱 열중했어요. 그리면 그릴수록 네덜란드 꽃 그림이 내가 그리는 꽃 그림과 별반 다르지 않다고 느꼈지요. 나는 이제 겨우 열여섯 살의 화가지만, 예술에 대한 열정으로 활활 타오르고 있었어요.

그림에 대한 자신감이 넘치던 때에 새아버지의 화실에 드나드는 제자 가운데 한 사람을 만났어요. 요한 안드레아스 그라프였지요.

요한을 처음 만난 날도 어색하지 않았어요. 그동안 새아버지가 요한을 칭찬하고 요한의 그림을 보여 준 적이 있어서 처음 만난 것 같지 않았거든요. 사실 요한의 작품을 보고 강렬한 인상을 받아서 호감을 가지고 있던 참이었지요.

나는 요한이 '겨울에 나온 매미'라도 되는 듯 찬찬히 살폈어요.

서로 눈길 몇 번 마주쳤을 뿐이지만, 특별한 사람이라는 확신이 들었지요.

부모님과 나누는 이야기를 들어 보니, 요한은 곧 동료들과 이탈리아 로마로 가는 것 같았어요. 유럽에서 가장 아름답다는 도시, 로마 말이에요. 돌아오는 길에는 베네치아에도 들른다고 했어요.

"1년 정도 걸릴 듯해요. 화가로서 견문을 넓히고 새로운 경험을 쌓고 싶어요."

요한은 눈을 빛내며 말했어요.

나는 같은 예술가로서 요한이 부럽기도 하고 샘도 났어요. 동시에 1년이나 보지 못한다고 생각하니 서운하기도 했지요.

그렇게나 아쉬운 마음이 컸는데, 공부와 일에 열중하다 보니 1년은 훌쩍 지났어요. 요한은 여행에서 돌아와 우리 집에 자주 찾아왔지요. 나와 요한은 많은 이야기를 나누었고, 서로 좋은 감정을 나누었어요.

땅거미가 내려앉은 어느 저녁이었어요. 나와 요한은 새아버지의 화실에 있었지요. 그날따라 우리는 말이 없었어요. 마치 무슨 일이 벌어지기 직전처럼 적막했지요.

"마리아 지빌라 메리안."

잠시 후 요한이 내 이름을 또박또박 불렀어요.

나는 무슨 일이냐고 되묻듯 요한에게로 고개를 돌렸어요.

"우리 같이 살래요?"

나는 무슨 말인지 이해할 수 없어서 하던 일을 멈추고 요한을 멀뚱히 쳐다보기만 했어요.

그러자 요한이 숨을 한 번 고르고는 다시 말했어요.

"나와 결혼해 줘요."

"좋아요."

나는 그제야 알아듣고 고개를 끄덕였고, 요한은 비로소 마음이 놓였는지 미소를 지었어요.

솔직히 말하자면 요한과 함께 지구 끝까지라도 갈 각오로 결혼을 결심한 것은 아니었어요. 나는 그때 내 삶에 충분히 만족하고 있었고, 예술에 푹 빠져 있었으며, 요한은 예술에 대해 함께 이야기를 나눌 수 있는 동료였지요.

서로의 마음을 확인한 뒤에 새아버지와 요한이 결혼식을 준비했어요. 1665년, 내가 막 열여덟 살이 되었을 때 결혼식을 올렸지요. 예식은 기독교 가정답게 소박하게 치렀고, 어머니가 결혼을 축하하는 시를 지어 낭송해 주었어요.

나는 이제 '그라프 부인'이 되었지만, 결혼 전 성인 '메리안'을 버리지 않았어요. 누군가의 아내가 되었지만 관찰하고 그리는 본래의 나를 잃지 않았지요. 그리고 곧 나는 내 삶을 송두리째 바꾼 그림을 그리게 되었어요.

다섯 번째 장면

나의 첫 번째
과학 그림책

" '과학 그림'을 그릴 때 핵심은
'얼마나 자세하고 사실적으로 묘사하느냐' 예요.
나는 꽃과 곤충을 과학 그림으로
그려야 한다고 생각했어요."

나는 꽃과 곤충을 그릴 때 단순한 장식이 아니라, 누구나 그림만 봐도 그 생명을 이해할 수 있어야 한다고 생각했어요. 결혼한 바로 그해, 나는 석류와 나비의 그림을 그렸어요. 나만의 화풍을 온전히 드러낸 첫 작품이었지요. '과학 그림'을 그릴 때 핵심은 '얼마나 자세하고 사실적으로 묘사하느냐'예요. 나는 꽃과 곤충을 과학 그림으로 그려야 한다고 생각했어요.

나는 화면 중앙에는 석류를, 그 아래로 나무 밑동까지 그렸어요. 가느다란 가지에서 특유의 주황색 꽃봉오리가 피어오르고, 싱그러운 초록 이파리가 이를 둘러싼 모습도 묘사했지요. 잘 익은 열매가 입을 쩍 벌린 틈으로 붉은 씨앗이 알알이 박혀 있는 모습도 생생하게 담았어요. 주위의 다른 식물들은 노르스름한 이파리로 표현했지요. 그리고 왼쪽 구석에 석류의 즙을 빨아 먹고 있는 나비도 그렸고요.

이 그림은 식물의 생애 주기와 서식 환경을 함축적으로 보여 주려고 그렸어요. 석류를 한 번도 본 적 없는 사람이라도 내 작품을 보고 석류에 대한 지식을 얻을 수 있도록 말이에요. 그래서 나는 최대한 관찰한 것을 있는 그대로 나타내고 싶었어요.

1668년에 딸이 태어났어요. 내가 사랑하는 어머니의 이름을 따서 아기를 '요하나'라고 불렀지요. 하지만 나는 곧 어머니와 헤어져야 했어요. 요한이 프랑크푸르트를 떠나 자신의 고향 뉘른베르크로 가서 살자고 했거든요. 어머니를 두고 이사를 가야 한다는 생각에 마음이 천근만근 무거웠어요.

내 속마음을 눈치챈 요한이 말했어요.

"당신은 항상 새로운 걸 추구했잖아요! 우리가 함께 발견하게 될 것들이 기대되지 않아요?"

"여기에 좀 더 있으면 안 돼요?"

"기다리는 시간이 아까워요. 가서 내 친구들도 만나 봐요. 당신한테도 새로운 동료들이 생길 거예요."

"하지만 어머니한테는 내가 필요하단 말이에요!"

"장모님 곁에는 카스파어와 마테우스 오빠들도 있잖아요. 세상 반대편으로 가자는 것도 아닌데, 너무 걱정하지 말아요. 새로운 곳에서 새로운 시작을 할 수 있을 거예요."

결국 나는 억지웃음을 지으며 고개를 끄덕였어요.

"알겠어요. 이사 날짜를 잡아요. 나도 준비할게요."

떠나겠다는 결심을 말하고 나니, 이제는 정말로 가야 할 것만 같았어요.

마침내 요하나를 안고 마차에 올랐어요. 바로 뒤에는 짐을 실은 마차가 따랐지요. 뉘른베르크로 가는 길은 멀고 험했어요. 나는 커다란 가방에 종이와 그림, 작업 도구 등을 넣어 두었지요. 마차가 덜컹거릴 때마다 유리로 된 화구들이 부딪혀 깨질까 봐 걱정이 되었어요.

요한의 아버지는 뉘른베르크에서 기독교회가 세운 음악 학교의 책임자로 일하고 있었어요. 요한의 뛰어난 그림 실력과 명망 높은 집안 배경 덕분에 작은 정원이 딸린 집을 쉽게 구할 수 있었지요.

우리는 커다란 가방과 상자, 자루에 담아 온 이삿짐을 꺼내 솜씨 좋은 장인들이 만든 가구에 채워 넣었어요. 가정부 두 명이 짐 정리를 돕겠다고 했지요. 나는 그릇과 옷을 정리하라고 시켰지만 가정부들이 마음대로 내 그림에 손을 대려고 했어요.

"손대지 말아요! 그건 내가 정리할게요!"

나도 모르게 날카롭게 소리치고 말았어요.

"작품을 조심히 다뤄야 해요! 미술 도구도 마찬가지예요. 물감 정리하는 순서도 따로 있단 말이에요."

그때 누군가 비명을 질렀어요. 가정부 중 한 명이 애벌레 표본 상자를 발견하고 화들짝 놀란 거였지요. 바닥에 떨어져 유리가 깨지면서 쨍그랑 소리가 울려 퍼졌어요. 가정부는 울면서 뛰쳐나갔고 나는 말없이 바닥을 치웠지요. 그 가정부가 사람들에게 뭐라고 이야기하고 다닐지 훤히 보였어요. 곤충을 가까이하는 불길한 여자라고 수군거릴 것이 뻔했지요.

딸 요하나가 소동에 놀라서 울음을 터뜨렸어요. 내가 다가가 아이를 가슴에 꼭 안아 주자 그제야 울음을 그치고 잠잠해졌지요.

요하나가 혼자 앉기 시작한 무렵부터, 나는 보모에게 아이를 맡기지 않고 정원이나 숲으로 데리고 나가 주변을 탐색하게 했어요. 마치 어머니가 어린 나를 데리고 자연 산책을 나섰던 것처럼 말이에요.

뉘른베르크에 오자 요한의 친구들과 요한의 작품을 좋아하는 사람들이 우리를 반갑게 맞아 주었어요. 작업실로 늘 손님이 찾아왔고, 나도 이들과 끈끈한 관계를 맺기 시작했지요.

처음에는 곤충 따위를 수집하는 나의 '괴상한' 취미가 사람들의 입방아에 오르내리기도 했어요. 하지만 요한과 그 집안의 명성 덕분에 사람들과 그럭저럭 어울릴 수 있었고, 점차 나를 이해해 주는 친구들도 생겼지요. 내 관심사를 존중해 줄 뿐만 아니라 호기심을 보이기도 했어요. 상류층 사람들은 딸들에게 미술을 가르쳐 줄 수 있는지 물어 왔지요. 그럴 때마다 나는 웃으며 대답했어요.

"그럼요, 얼마든지요!"

남을 가르치는 일이 늘 좋기만 하지 않았지만, 우리한테는 돈이 필요했어요. 그렇게 여자아이들이 내 작업실에 와서 그림을 배우기 시작했고, '소녀들의 모임'이라고 불렀지요.

나는 소녀들에게 수채화 물감 사용하는 법, 살아 있는 생명체를 생생하게 표현하는 법 등을 가르쳤어요. 성실하고 실력이 뛰어난 학생들은 나에게 깨달음을 주기도 했지요. 학생들과 이야기 나누는 일이 즐거웠고, 학생들의 집에 초대를 받기도 했어요. 학생들은 요하나하고도 잘 놀아 주었지요.

뉘른베르크는 활기가 넘치는 도시였어요. 요한은 그릇과 판화를 제작하고 인쇄와 출판도 했지요.

어느 날 요한이 책 두 권을 가져와 보여 주었어요.

"당신한테 주려고 구해 왔어."

"세상에나. 귀한 책들이잖아! 돈이 많이 들었겠네."

"오래된 그림들이랑 바꿨어. 갖고 있어 봐야 팔리지도 않을 그림이라서."

나는 책을 받아 들고 때가 타지 않도록 조심스럽게 탁자 위에 올렸어요.

첫 번째 책은 네덜란드 생물학자인 얀 스바메르담이 쓴 『곤충의 일반사』였어요. 제목만 보고도 가슴이 뛰었지요. 곤충을 해부하고 곤충에 대한 자세한 연구를 담은 책이었지요. 두 번째 책은 이탈리아 의학자인 마르첼로 말피기의 『누에에 관한 서간 논문』이었어요.

나는 며칠 동안 꼼짝도 하지 않고 서재에 틀어박혀 두 권을 다 읽었어요. 스바메르담의 책은 거의 외우다시피 했지요. 스바메르담은 변태 단계에 따라 곤충을 분류했는데, 이해하기가 쉬웠어요. 나는 알에서 태어나는 순간부터 죽을 때까지의 곤충 일생을 묘사한 그림을 그릴 때마다 스바메르담을 떠올렸지요. 말피기의 누에 해부 묘사에서도 많은 것을 배웠고요.

이 두 권의 책은 내 연구에 밑바탕이 되어 주었어요. 하지만 마음속 깊은 곳에서는 이런 생각이 피어났지요.

'나도 이들처럼 흥미롭고 섬세한 작품을 그릴 수 있어!'

다만 피나는 노력이 필요하다고 생각했어요. 그래서 이 확신을 곧장 실천에 옮겼지요.

나는 늘 요하나를 옆에 끼고 일해야 했어요. 여성이자 어머니로서 온전히 연구에만 몰두하기 어렵다는 것을 뼈저리게 느꼈지요. 당시 여성들은 충분한 교육을 받기 어려웠고 집안일과 육아 모두를 혼자 감당했거든요. 예를 들어, 나는 고등 교육을 받은 사람들이 쓰는 라틴어를 거의 몰랐어요. 학문을 배우려면 라틴어로 된 글을 읽고 써야 하는데 말이에요. 그래서 몇몇 남자들보다 내 연구가 앞서 나갔음에도 성과를 알리는 데 한계가 있었어요.

1675년에 첫 책 『꽃 그림책』을 출간했어요. 꽃을 세밀하게 묘사했으며, 꽃마다 곤충도 함께 그려 냈지요. 이어서 1977년에 제2권, 1980년에 제3권까지 출간했고, 세 권을 묶어서 『새로운 꽃 그림책』으로도 출간했어요.

결과는 성공적이었어요. 책은 불티나게 팔렸고, 내 이름을 널리 알리게 되었지요. 내가 그린 그림을 책으로 출간까지 하고 나니, 앞날이 기대되었어요. 앞으로 얼마나 더 멋지고 훌륭한 책을 펴내게 될지 말이에요.

『꽃 그림책』 1권 표지 그림이에요.
마리아 메리안은 서문에 책을 출간한
마음가짐을 적어 놓았어요.
"그림을 그릴 때뿐만 아니라 여성들이 수를 놓을 때,
그리고 예술을 이해하는 애호가들에게
이 책이 유용함과 즐거움을 선사하길 바랍니다."

여섯 번째 장면

곤충학의 시작

"나는 사람들이 곤충의 세계를
잘 이해하길 바랐어요.
곤충에 대해 깊이 파고들수록
곤충이라는 학문을
스스로 정립해 가는 기분이 들었지요."

   요한과 나는 같은 예술가로서 서로 이야기를 나누는 일을 즐겼어요. 그런데 어느 순간 요한이 나를 질투하고 있다는 생각이 들었지요.
   '요한이 설마…… 나를 시기하는 걸까?'
   이런 짐작은 내 마음을 너무 아프게 했어요. 그래서 내가 거만하게 굴었을 뿐이라고 스스로를 탓하기도 했지요.
   하지만 꽃과 곤충을 관찰하고, 기록하고, 그리는 일에 빠져들수록 요한이 나한테서 멀어지는 듯했어요.
   1678년에 둘째 딸이 태어났어요. 나는 큰딸을 키우면서, 둘째 딸을 가지고 배가 부르고 아이를 낳을 때까지도 그림에 몰두했지요.
   열 살이 된 큰딸 요하나가 동생을 무척 좋아하고 잘 돌봐 주어 큰 힘이 되었어요. 침대에 걸터앉아 아기를 들여다보던 요하나가 말했지요.

"이름을 '도로테아'라고 하면 어때요?"

나는 동생의 이름을 지어 준 요하나를 사랑스럽게 쓰다듬었어요. 아기는 도로테아라는 이름으로 세례를 받았지요. 도로테아는 내 삶에 아주 특별한 존재가 될 것 같다는 예감이 들었어요.

아기를 돌보느라 집에서 보내는 시간이 많아졌어요. 이참에 그동안 해 온 곤충 관찰 기록을 정리하기로 했지요.

관찰 내용과 도표를 체계적으로 분류해 요한에게 보여 주었어요. 요한이 종이를 한 장 한 장 살펴보는 동안, 나는 요한의 얼굴에서 눈을 떼지 않았지요. 요한이 어떤 표정을 짓는지 보고 싶었거든요. 요한은 내 작품에 아주 중요한 비평가였으니까요. 나는 요한의 안목과 판단을 믿었어요.

말없이 자료만 보던 요한은 마지막 장을 넘기고서야 웃으며 말했어요.

"좋은 책이 되겠는걸!"

나는 진심으로 기뻐서 요한을 와락 껴안았어요.

요한이 열렬하게 칭찬한 이 책은 바로 1679년에 출간한 『애벌레의 경이로운 변태와 독특한 꽃 먹이』예요.

고작 열세 살일 때 나는 누에나방을 관찰하다가 곤충의 변태 과정을 처음 발견했어요. 그 이후로 나는 매일 산책하며 애벌레가 어른벌레로 탈바꿈하는 모습을 관찰하고 기록했지요. 그러면서 곤충마다 선호하는 식물이 있다는 사실도 알아냈어요.
 이 책의 획기적인 성과는 곤충의 변태 과정뿐만 아니라 곤충의 먹이식물도 함께 그렸다는 점이었어요. 곤충과 식물은 서로 관계된 공동체라는 점을 밝혀낸 거예요.
 나는 사람들이 곤충의 세계를 잘 이해하길 바랐어요. 곤충에 대해 깊이 파고들수록 곤충이라는 학문을 스스로 정립해 가는 기분이 들었지요.
 아름다운 도판 50점이 실린 이 책은 나에게 명성을 가져다주었고, 새로운 것을 탐구하려는 열정도 더욱 커졌어요. 더 많은 곤충과 식물을 키우며 세세하게 관찰하고, 기록하고, 스케치하고, 새로운 색을 만들어 칠하는 등 눈코 뜰 새 없이 바쁜 나날을 보냈지요.
 곤충과 식물을 더 정확하게 묘사하기 위해 확대경으로 관찰했는데, 확대경은 꽤 비싼 물건이라 내 형편에 맞는 렌즈를 골랐어요. 하지만 더 나은 관찰을 위해 돈을 빌려서 더 좋은 렌즈를 마련한 적도 있었지요.
 하지만 연구하는 기쁨을 누리며 하루하루를 보내던 것도 잠시, 슬픈 소식이 날아들었어요. 1681년에 새아버지가 세상을 떠난 거예요.
 나는 깊은 슬픔에 빠졌어요. 아버지를 또 잃었으니까요. 어릴 때 세상을 떠난 친아버지에 대한 기억은 흐릿했지만, 새아버지

와는 오랜 세월에 걸쳐 부녀 간의 정을 차곡차곡 쌓아 왔지요. 게다가 새아버지는 나를 예술가의 길로 이끌어 준 선생님이기도 했어요. 피 한 방울 섞이지 않았지만 새아버지의 사랑은 항상 내 가슴에 와닿았지요.

홀로 남겨진 어머니도 걱정이 되었어요. 그래서 오래 고민하지 않고 결정을 내렸지요. 날이 채 밝지 않은 어느 새벽, 나는 잠자리에서 일어나 요한을 찾으러 갔어요. 요한은 아직 어둑어둑한 정원에서 이젤을 펼치고 그림 그릴 준비를 하고 있었지요.

"아이들을 데리고 프랑크푸르트로 돌아갈래요."

요한은 잠깐 멈칫하다 하던 일을 계속했어요. 요한은 마치 예상했던 것처럼 담담하게 물었지요.

"언제 떠날 건데요?"

"짐 싸는 대로 곧이요."

요한은 별말 없이 고개를 끄덕였어요.

나와 요한의 관계가 생각보다 멀어져 있던 거였어요. 그동안 서로 말하지 않는 시간이 많았지요. 한 공간에 있어도 각자 자기 생각에 빠져 있느라 대화를 거의 하지 않았어요.

물론 서로 존중하는 마음은 변함이 없었어요. 하지만 어쩌다 같은 공간에 머물게 된 낯선 사람들처럼 더 이상 친밀하지 않았지요.

나는 뉘른베르크에 올 때 가지고 왔던 커다란 가방에 다시 짐을 쌌어요. 작업실에 가서 내 미술 도구들을 챙기고, 물감과 종이는 요한을 위해 남겨 두었지요. 프랑크푸르트에 가면 마테우스 오빠가 내게 필요한 것들을 챙겨 줄 테니까요.

  아이들은 갑자기 달라진 집안 분위기에 어리둥절한 것 같았어요. 나는 한 손으로는 요하나의 손을 잡고, 다른 한 팔로는 도로테아를 안고 마차에 올랐지요.

  요한이 아이들의 머리에 입을 맞추고 내 얼굴을 부드럽게 어루만졌어요. 우리는 가만히 서로의 눈을 바라보았지요. 이제 정말 헤어질 시간이 되었다는 것을 깨달았어요.

  이별이 마음 아파서 그때는 몰랐지만, 결국 나를 위한 선택이었어요. 더는 누구의 아내가 아닌, 온전히 마리아 지발라 메리안으로 살아가게 되었으니까요.

1679년에 출간된 『애벌레의 경이로운 변태와
독특한 꽃 먹이』의 표지 그림이에요.
곤충의 변태 과정뿐만 아니라 먹이식물을
함께 그려서 사람들이 곤충을 잘 이해하도록 도왔어요.

\# 일곱 번째 장면

성장하려면 변해야 한다

"곤충은
새로운 삶을 시작하기에 앞서
반드시 형태를 바꿔요.
사람도 마찬가지지요."

"엄마, 나 돌아왔어요."

아이들과 함께 돌아온 프랑크푸르트는 익숙하고 따뜻했어요. 그때 나는 확신했지요. 내가 있을 곳은 여기라는 사실을요.

프랑크푸르트에서 생활하기 시작하면서 아이들은 할머니를 졸졸 따라다녔어요. 어머니는 나에게 그랬듯이 손녀들에게도 자연을 탐색하고 새로운 것을 발견하는 기쁨을 가르쳐 주었지요.

프랑크푸르트에 돌아와 보니, 이제 마테우스 오빠 혼자 작업실을 꾸려 나가고 있었어요. 함께 일하던 카스파어 오빠는 네덜란드 발타 성의 라바디스트 공동체로 들어갔다는 거예요.

라바디스트 공동체는 기독교 교리를 엄격하게 따르면서 마치 수도원처럼 자기들만의 생활 방식과 규율이 있는 곳이지만, 그럼에도 여성들과 아이들도 공부할 수 있는 곳이었어요. 구성원 누구나 학문에 힘쓰도록 교육의 기회가 열려 있었거든요. 의학과 화학 연구실도 수준이 높아서 유럽의 통치자들이 진찰과 치료를 받기 위해 라바디스트 공동체를 찾을 정도였어요.

 카스파어 오빠는 편지에서 라바디스트 공동체를 '지구상에 존재하는 천국'처럼 묘사했어요. 2년 정도 오빠와 편지를 주고받고 나서 어머니와 나는 라바디스트 공동체에 들어가기로 결정했지요.

 라바디스트 공동체로 가기 전에 요한에게 직접 소식을 전하기로 했어요.

 나는 요한과 이야기를 나누었어요. 요한은 나와 딸들이 뉘른베르크로 돌아오길 바랐지만, 그 제안은 내 앞길을 가로막는 장애물처럼 느껴졌지요.

 나는 내가 나아가야 할 방향을 잘 알고 있었어요. 요한은 오래 알고 지낸 동료처럼 내가 꿈꾸는 미래 이야기를 들어 주었고, 서로 추구하는 것이 너무 달라 함께할 수 없다는 결론을 내렸지요. 그렇게 우리는 결국 이혼하기로 의견을 모았어요.

 나는 홀가분한 마음으로 집에 돌아와 곧바로 떠날 채비를 했어요. 물건을 내다 팔거나 다른 사람들에게 나눠 주며 집 안을 비워 나갔지요.

 나는 감정을 표현하는 데 서툴고 조심스러운 사람이라고 생각했는데, 새로운 삶을 위해 사람들과 거래를 하면서 그 반대의 모습도 있다는 것을 알게 되었어요.

내가 곤충에게 배운 것이 있다면 '성장하려면 변해야 한다'는 거예요. 곤충은 새로운 삶을 시작하기에 앞서 반드시 형태를 바꿔요. 사람도 마찬가지지요.

1685년, 물감과 미술 도구 등 짐을 잔뜩 싣고 프랑크푸르트를 떠나 네덜란드 발타 성에 도착했어요. 라바디스트 공동체 사람들이 모두 나와서 우리를 맞아 주었고, 카스파어 오빠는 짐을 옮겨 줄 수레를 끌고 나와 있었지요. 카스파어 오빠는 어머니와 나, 조카들을 차례로 끌어안았어요. 그동안 고생했던 마음을 달래 주는 따뜻한 환대였지요.

라바디스트 공동체에서 생활하는 일은 새롭고 만족스러웠어요. 수많은 사람과 함께하고 지켜야 하는 규칙이 있었지만 마음은 자유로웠지요. 요하나와 도로테아는 또래끼리 공부하고 활동하며 잘 지냈고, 어머니도 공동체 생활에 잘 적응해 갔어요. 나도 공동체 생활에 최선을 다했고, 나머지 시간은 그림을 그리는 등 나를 위해 썼어요.

라바디스트 공동체는 원래 과학과 학문은 장려하지만 예술 활동은 금지했어요. 하지만 나는 특별한 배려를 받았지요. 나의 예술은 과학을 위한 일이었기 때문이에요.

라바디스트 공동체의 도서관은 내가 꿈에 그리던 모습 그대로 엄청난 장서를 보유하고 있었어요. 그렇게 하고 싶던 라틴어 공부도 할 수 있었지요. 내 연구 성과를 라틴어로 옮겨야 학자들이 귀를 기울이고 인정해 줄 테니까요.

 나는 라바디스트 공동체에 있는 확대경을 빌려 새로운 생물을 관찰하고 연구하기 시작했어요. 바로 발타 성 공원에 서식하는 개구리였지요. 사람들이 무지와 편견에 사로잡혀 개구리의 경이로운 세계를 제대로 보지 못하는 것이 안타까웠거든요.

 어떤 대상을 제대로 알려면 먼저 관찰해야 해요. 열심히 관찰한 끝에 나는 개구리가 봄에 엄청난 양의 알을 낳는다는 사실을 알아냈어요. 이제까지 개구리는 입으로 알을 토한다고만 배웠는데 말이에요. 연못 근처에서 죽은 암컷 개구리를 우연히 발견하고 해부해 보았더니, 뱃속에 갓 생성된 알이 가득했어요. 그 뒤로 계속 개구리를 관찰한 결과, 개구리도 알을 낳는다는 것을 확신했지요.

 이번에는 갓 나온 개구리 알과 연못 식물을 유리 용기에 함께 넣고 관찰해 보았어요. 시간이 흐르면서 반투명한 알에 검은 반점이 생겼고, 반점은 투명한 점액과 대비돼 눈에 잘 띄었지요. 조금씩 알 껍질을 벗고 나온 이 작은 반점들은 꼬리가 생기더니 헤엄도 치기 시작했어요. 마치 아주 작은 물고기 같았지요. 시간이 지나자 커다란 눈이 생기고, 자그마한 다리가 나오고, 피부에 색깔이 나타나기 시작했어요. 바로 올챙이가 된 거였지요!

 나는 신비한 개구리의 탄생과 변신을 목격하고 이 과정을 상세히 기록한 다음, 그림으로 표현했어요.

이후에도 라바디스트 공동체에서 생물 연구를 멈추지 않았어요. 물론 잠시 쉴 때도 있었지요. 이따금 외국에 있는 다른 라바디스트 공동체에서 발타 성으로 진기한 동식물과 토산품을 배에 실어 보냈는데, 그 물건들을 구경할 때였어요.

그중 가장 눈에 띈 것은 바로 '수리남'에서 온 것들이었어요!

수리남은 네덜란드가 식민 지배를 하던 남아메리카 가이아나 지역이에요. 이곳은 대서양과 맞닿아 있어 좁은 면적임에도 자원이 풍부하고 물길로 접근하기도 쉬웠지요. 수리남에 있는 라바디스트 공동체는 주기적으로 목화 등 토산품을 보내왔어요. 나와 발타 성에 사는 자연 탐구가들을 위해 동식물 표본도 보내 주었지요. 이 물건들이 도착하는 날은 성 전체가 흥분의 도가니가 되었어요.

"이번에는 어떤 선물이 왔는지 봅시다!"

"아이들도 불러와요. 이 세상에 얼마나 다양한 생물이 살고 있는지 가르쳐 줘야죠."

열띤 군중이 바라보는 가운데, 몇몇 사람이 나서서 지렛대로 상자 뚜껑을 열었어요. 토산품을 보호하기 위해 채워 넣은 지푸라기와 마른 잎사귀를 걷자, 신비한 동식물들과 물건들이 모습을 드러냈지요. 코르크 마개로 입구를 막은 병에는 돌과 토양, 조개 껍질이 들어 있었고, 알코올을 채운 유리병에는 작은 동물이나 아직 알려지지 않은 대형 곤충 사체들이 들어 있었어요. 식물의 잎, 꽃, 묘목은 종이에 곱게 싼 뒤 두툼한 천으로 감싸 보냈지요. 씨앗과 새싹 따위는 흙을 채운 용기에 넣어 보냈는데, 배에 실어 오는 동안 살아남는 경우가 드물었어요. 모두 유럽에서는 한 번도 보지 못한 것들이었지요.

내 머릿속에는 수많은 의문이 떠올랐어요. '어느 지역에서 자라는 생물이었을까? 살아 있을 때는 어떤 냄새를 풍겼을까? 먹이로 무엇을 먹고, 또 누구에게 잡아먹힐까?' 하고 말이에요.

혼자 골똘히 생각에 빠져 있을 때 누군가 나를 불렀어요.

"마리아, 이것 좀 봐요! 당신을 위해 보낸 것 같아요."

나를 부른 사람이 가리킨 나무 상자 안에는 솜씨 좋은 사람이 꼬치에 꿰어 놓은 곤충 표본이 들어 있었어요. 살면서 한 번도 본 적 없는 크고 작은 곤충들이었지요. 놀랍기 그지없었어요. 하지만 죽은 상태라 어떻게 몸을 움직이는지, 어떤 습성이 있는지, 최종 변태의 모습은 어떤지 알 길이 없었지요.

하지만 죽은 생물들도 나에게는 귀한 보물이었어요. 나는 네덜란드에 널리 보급된 확대경으로 이 곤충들을 관찰했지요. 네덜란드에서 현미경이 발명된 때는 1590년경인데, 라바디스트 공동체에는 현미경이 없어서 확대경으로만 볼 수 있었어요. 그 대신 공동체가 가지고 있는 확대경은 내가 써 본 것 중 가장 성능이 좋았지요.

시간은 쏜살같이 흘러갔어요. 라바디스트 공동체에서도 어머니는 나에게 든든한 존재였지요. 하지만 어머니는 나이가 들어 나날이 여위어 가더니, 결국 1690년에 세상을 떠났어요.

  나는 이제 발타 성을 떠나 다른 곳으로 나아갈 때라는 생각이 들었어요. 요하나와 도로테아를 데리고 유럽의 중심지, 암스테르담으로 가기로 결심했지요. 암스테르담에서 어떤 일이 나를 기다릴지 알 수 없었지만, 단 한 가지는 분명했어요. 내 인생을 바꿀 만한 일이 가득한 도시라는 것을요.

마리아 메리안의 '개구리의 변태와 푸른 꽃' 그림이에요.
알과 올챙이, 개구리 단계를 관찰하면서 자세하게 표현했고,
곤충뿐만 아니라 양서류도 변태 과정을 거친다는
과학적 사실을 잘 기록했어요.

여덟 번째 장면

학문과 예술과 상업의 중심지에서

"나는 암스테르담에서
스스로를 책임지는 주체적인 여성이자
인정받는 화가이며
명성이 자자한 학자였어요."

"엄마, 도대체 암스테르담에 왜 가는 거예요?"

도로테아가 나에게 물었어요. 암스테르담으로 가는 마차에서 요하나는 조용히 바깥 풍경을 보고 있었지만, 도로테아는 인내심이 바닥나고 있었지요.

나는 도로테아의 호기심을 자극하고 여행의 지루함도 잊게 해 주고 싶어 이렇게 말했어요.

"암스테르담은 세계로 나가는 관문 같은 곳이란다. 새로운 학문이 쏟아져 들어오고 세계의 온갖 소식이 드나들며 이제까지 경험하지 못한 신비한 향과 색채가 흘러넘치는 곳이지."

도로테아가 눈을 빛내는 것을 지켜보며 말을 이었어요.

"게다가 지금 우리에게 딱 맞는 환경이란다. 여성도 사업을 하고, 재산을 소유하고, 자유롭게 일할 수 있는 개방적인 도시니까 말이야. 다른 도시에서는 상상할 수도 없는 일이지!"

"와, 정말 근사한 곳이네요!"

도로테아가 내 손을 꼭 잡았어요. 어디서 갑자기 열정이 샘솟았는지 흥얼거리기까지 했지요.

1691년 암스테르담에 도착했고, 나는 그 자유로운 도시에서 다시 태어난 기분이 들었어요. 암스테르담은 학문을 중심으로 사람들 간의 교류도 활발하고, 심지어 시장에만 나가도 생기가 넘치는 도시였지요. 나는 이 기회를 놓치지 않고 딸들과 함께 작업실을 열었어요.

사람들이 내 그림과 판화를 좋아해서 주문이 많이 들어왔어요. 작품마다 한 귀퉁이에 '마리아 지빌라 메리안'이라고 서명했는데, 얼마나 뿌듯했는지 몰라요. 나는 암스테르담에서 스스로를 책임지는 주체적인 여성이자 인정받는 화가이며 명성이 자자한 학자였어요.

두 딸도 내 작업을 거들면서 재능을 한껏 뽐냈어요. 그래서 요하나가 도맡다시피 한 작품에는 그 아이의 서명을 남기도록 했지요. 요하나는 신이 나서 더 열심히 일했어요.

1692년 요하나는 라바디스트 공동체 출신이자 서인도 회사에서 일하는 야코프 헨드릭 헤롤트와 결혼했어요. 무역 업무를 담당하고 있는 야코프는 나한테 수리남에서 들어오는 동식물들에 대한 따끈따끈한 소식을 전해 주고는 했지요.

나는 생계를 위해 작업실을 운영하면서, 동식물을 관찰하고 그림 그리는 일도 게을리하지 않았어요. 세계 각지에서 들여온 약초를 심고 재배하는 식물원 '호르투스 메디쿠스'에서 시간을 보내기도 했지요. 식물원에는 열대 식물을 보호하는 커다란 온실이 몇몇 있었는데, 그중 각종 나비와 새가 머무는 공간이 사람들에게 인기가 많았어요. 나는 식물원의 생물들을 종이에 그리고, 습성을 설명하고, 그 생물들이 가진 신비를 풀고자 노력했지요. 식물원의 연구자들과 지식을 나누기도 했는데, 특히 식물원 책임자인 카스파르 코멜린과 대화가 잘 통했어요. 카스파르는 항상 나를 존중해 주었지요. 나와 의견이 다를 때도 적극적으로 토론하면서 다른 남자 동료들과 동등하게 대해 주었거든요.

 카스파르의 소개로 만난 발명가 안톤 판레이우엔훅은 자신이 만든 최신 현미경을 나한테 빌려주었어요. 현미경으로 생물을 관찰하는 경험은 마치 몸집이 아주 작은 탐험가로 변신해 맨눈으로 볼 수 없었던 미지의 세계를 헤집고 다니는 것 같았지요.

 현미경은 확대경과 비교할 수 없을 정도로 대단한 도구였어요. 애벌레 몸에 송송 돋은 털, 몸통에 난 가느다란 선, 곤충 날개에 퍼져 있는 신경, 잠자리의 홑눈 등을 현미경으로 발견했지요. 미세한 부분도 놓치지 않고 본 결과를 나는 그림으로 제대로 표현하려 했어요. 곤충의 모습을 더 정확하게 보여 주기 위해서 아주 가느다란 붓을 쓰고 물감을 새로 만들어 다채로운 색감을 표현하는 등 과감하게 시도했지요. 그림을 세밀하게 그릴수록 내 작품의 명성도 높아 갔어요.

 암스테르담에서 내가 좋아한 또 다른 장소는 식물학자이자 꽃 그림 화가이면서 부유한 수집가인 아그네타 블록의 정원이었어요. 아그네타는 당시 서인도 제도에서 파인애플을 가져와 성공적으로 재배해 꽃을 피우고 열매를 맺게 한 최초의 유럽인이었지요. 그만큼 식물에 열정이 넘쳐서 아그네타는 희귀한 식물을 잔뜩 가지고 있었어요.

 아그네타는 내가 꽃과 곤충에 대해 얼마나 잘 아는지 캐묻더니 전문가임을 알아차리고 마음을 열었어요.

 "마리아, 우리 집은 학자와 예술가의 집이에요. 언제든 오고 싶을 때 편하게 와요."

 나는 아그네타가 가까이하는 사람들하고도 친해졌어요. 아그네타의 집은 학자들과 예술가들, 그리고 예술 애호가들이 만나서 의견을 주고받고 지식을 토론하는 교류의 장소였지요.

 아그네타는 이따금 외국에서 들어온 진귀한 물건들을 수집해 놓은 진품실을 공개했어요. 아그네타의 진품실은 전시회장 같기도 하고 시장 같기도 했지요. 나도 거기서 곤충이나 작은 동물의 표본, 식물의 씨앗과 줄기, 꽃 등을 사고팔았어요.

 이렇게 학자들과 소통하고 상인들과 교류하면서 이국의 동식물에 대한 정보를 습득했지만, 점점 더 살아 있는 생물을 직접 관찰하고 싶은 마음이 더 간절해졌어요.

 나는 공책을 펼치고 1694년 7월 25일의 기록을 자주 살폈어요. 이날은 내가 개미총에 걸려 넘어진 날이었지요. 개미총은 개미들이 땅속에 집을 지으려고 파낸 흙더미를 말해요. 흙더미는 놀랄 만치 컸고, 움푹 파헤친 땅으로 개미굴이 드러나 보였어요. 이때 처음으로 개미 유충과 작은 개미, 큰 개미, 날개 달린 개미와 날개가 없는 개미를 다 볼 수 있었지요. 나는 진이 빠질 때까지 개미굴을 관찰했어요. 관찰한 것은 공책에 기록하고 그림으로 묘사해 놓았지요. 결국은 직접 보고 경험해야 제대로 된 기록을 남길 수 있는 거였어요.

 불현듯 내 연구에 깊이를 더할 새로운 경험이 필요하다는 사실을 깨달았어요. 나는 바로 도로테아에게 달려갔어요.

 "대서양을 건너는 멋진 여행을 계획하고 있는데, 같이 갈래?"

 "어디로 가는데요?"

 "수리남."

 도로테아가 활짝 웃으며 대답했어요.

 "좋아요!"

 도로테아는 눈을 빛내며 환하게 웃었어요. 암스테르담에 처음 도착했을 때 호기심 가득했던 그 표정이었지요.

설레고 기뻤지만, 문제는 수리남으로 가는 여행 경비였어요.

1699년 2월, 나는 돈을 마련하기 위해 암스테르담 유명 신문 1면에 내 그림과 판화 원판, 직접 채집한 식물과 곤충, 작은 동물의 표본을 모두 판다는 광고를 냈어요.

"엄마, 너무 아깝지 않아요?"

광고를 본 도로테아가 물었어요.

"살면서 정말 소중히 여겨야 하는 건 재산이 아니란다. 바로 경험이지! 새로운 경험은 늘 또 다른 기회를 가져다주었어. 얼마나 많이 소유하느냐가 아니라 어떻게 살아갈 것인지를 깨닫는 일이 훨씬 중요하단다."

"전 엄마가 자랑스러워요!"

도로테아는 고개를 끄덕이며 내 손을 맞잡았어요.

당시 네덜란드 동인도 회사에서는 탐험가나 연구가에게 여행 자금을 지원해 주기도 했어요. 나도 동인도 회사에 자금을 신청했지만 여성이라서 쉽게 허락해 주지 않았고, 여러 차례 요청한 끝에 간신히 자금을 빌릴 수 있었지요.

나는 항상 힘든 상황에 맞닥뜨려도 물러서지 않았어요. 오히려 소중한 경험을 할 발판으로 여겼지요.

나는 수리남으로 가는 일이 얼마나 위험한지 잘 알고 있었어요. 오가는 길에 배가 난파될 수도 있고, 한 번도 가 본 적 없는 대륙에서 잘 적응하지 못할 수도 있었지요. 그래서 수리남으로 떠나기 전에 유언장을 썼어요. 자신의 마지막 뜻을 종이에 쓰다 보니 죽음이 가까이에 자리 잡고 있는 느낌이 들었지요. 그만큼 굳은 결심으로 떠나는 모험이었어요. 도로테아도 나와 같은 마음이었지요.

하지만 때로는 위험을 감수해야 할 때도 있다고 생각해요. 거대한 위험을 넘어 내가 마주할 세상이 얼마나 놀라울지 궁금하지 않나요?

『수리남 곤충의 변태』 중에서
'구아버 나무와 거미, 개미, 벌새' 그림이에요.
개미가 나무 잎사귀를 이빨로 잘라내 운반하고,
거미에게 잡아먹히기도 하고, 길이 없으면
개미 여럿이 다리를 만들어 건너는 등 관찰하지 않으면
알 수 없는 개미의 습성을 생생하게 보여 줘요.

아홉 번째 장면

쉰두 살에 떠난 마지막 모험

"동물이 형태를 바꾸는 순간을 포착해,
붓으로 그 이야기를 과장 없이 전달해야 하지요.
나의 한계를 뛰어넘는 작업이었어요."

"이제 출발해요! 우린 잘 해낼 거예요."

도로테아가 바다를 향해 소리쳤어요. 1699년 6월, 나와 도로테아는 수리남행 배에 올랐지요.

단단히 각오하고 오른 여행길이었지만, 실제로는 더 힘들었어요. 배에 화장실이 따로 없어서 요강에다 볼일을 보고, 갑판 밑 좁은 침대에서 몸을 웅크리고 잠을 잤지요. 식사도 말린 고기와 소금물에 절인 채소, 말라비틀어진 사과 등 변변찮은 음식뿐이었어요.

바다에서는 날씨도 변화무쌍했어요. 파란 하늘을 자랑하다가도 금세 거무튀튀한 구름이 깔렸지요. 파도가 잔잔하다가도 집채만 한 파도가 몰려와 뱃멀미를 심하게 앓아야 했어요.

승무원들은 나를 잘 살펴 주었어요. 내가 쉰두 살 나이 든 여성이어서만이 아니라 자기들한테 없는 약초를 가지고 있었기 때문이에요. 나는 약초로 뱃멀미를 다스렸어요. 그리고 나는 다양한 동식물이 서식하는 수리남에서 딸과 함께 자연을 탐사하려는 것일 뿐, 식민지를 개척하러 가는 것이 아니었어요. 승무원들도 내가 더 많은 지식을 쌓아 과학과 예술 발전에 기여하겠다는 목표 하나만 바라보고 이 배에 올랐다는 것을 잘 알고 있었어서 나를 존중해 주었지요.

뱃멀미의 고통을 잊기 위해 나는 자연으로 관심을 돌렸어요. 하늘을 나는 바닷새를 살피다가 바다로 눈을 돌리자 고래들이 보였지요. 고래들은 우리가 탄 배를 한참이나 따라왔어요. 일렁이는 물결 속에 얼핏 커다란 바다거북의 등껍질과 하늘하늘 투명한 해파리가 비쳤지요. 모두 찰나에 본 모습인데도 마치 판화를 찍듯 마음속에 영원히 새겨지는 광경이었어요.

처음 날치를 봤을 때는 비명이 터져 나왔어요. 왜 뱃사람들이 '인어' 같이 그럴듯한 전설을 지어냈는지 이해가 됐다니까요. 이 놀라움을 제대로 표현할 수 있는 새로운 말이 필요하다고 생각했지요. 그래서 뱃사람들이 남긴 항해 기록을 더 꼼꼼하게 읽어 보리라 결심했어요.

두 달이 아주 느리게 가는가 싶더니 순식간에 항해가 끝나고, 1699년 8월 드디어 수리남 땅에 발을 디뎠어요. 몇 발자국 더 가서야 이제 더 이상 갑판 위에서처럼 몸이 휘청거리지 않는다는 사실을 깨달았지요.

우리는 수리남에 집 한 채를 구했어요. 초목이 무성하게 자라 있는 정원이 집을 둘러싸고 있었지요. 그리고 다행히 방도 많았어요. 안 그랬다면 이 독특한 서식지에서 인상 깊은 식물들을 종류별로 담은 용기를 집 안 구석구석 채워 넣느라 발 디딜 틈이 없었을 거예요.

집안일을 거들 원주민 가정부도 구했어요. 나와 비슷한 나이에 혼자 사는 여성이었는데, 다부진 체격과 구릿빛 피부가 눈에 들어왔지요. 우리는 금방 가까워졌고, 여성은 자기를 '메리'라고 불러 달라고 했어요. 내가 수리남 이름을 제대로 발음하지 못했거든요.

어느 날 아침, 메리가 기분 좋게 부엌으로 들어왔어요.

"먹어 볼래요?"

메리는 타원형 몸통에 꼭대기에는 뻣뻣한 잎사귀가 무성하게 나 있는 과일을 불쑥 내밀었어요. 딱딱한 표면은 노르스름하기도 하고 갈색빛이 돌기도 하고 초록빛을 띠기도 하는 다이아몬드 모양의 모자이크 같았지요. 바로 파인애플이었어요.

"좋아요!"

나는 파인애플을 처음 맛볼 생각에 가슴이 두근거렸어요.

메리는 날카로운 칼을 꺼내 과일 몸통 윗부분과 아랫부분을 베어 냈어요. 향긋한 냄새가 공기 중으로 퍼져 나갔지요. 그 향 덕분에 파인애플이 싱싱해 보였어요. 나는 도려낸 아랫부분을

코에 가까이 대고 냄새를 오래 기억하고 싶어서 더 깊이 들이마셨지요.

　메리는 능숙한 솜씨로 노란 속을 한 덩어리 파냈어요. 과일 조각에서 즙이 뚝뚝 떨어졌지요.

　"먹어 봐요."

　나는 미심쩍은 기분과 호기심을 한꺼번에 느끼며 과일 조각을 한 입 깨물었어요. 난생처음 느끼는 새콤달콤하고 시원한 맛이 입에서 발끝까지 퍼져 나갔지요.

　"정말 맛있어요!"

　메리는 그럴 줄 알았다는 듯 웃으며 고개를 끄덕였어요.

　메리는 나에게 없어서는 안 될 존재가 되었어요. 수리남의 동식물을 관찰하러 갈 때 혼자서는 못 가는 곳이나 현지인만 아는 곳을 메리가 함께해 주었거든요.

　메리는 나를 기꺼이 도와주었어요. 곤충에 대한 나의 지극한 관심을 이해하고 함께 탐험에 나서 주었지요. 메리 덕분에 꿈도 꾸지 못할 생물들을 접하고 직접 관찰할 수 있었어요.

　키 큰 식물들 주위에는 열대 과일이 열매를 맺고 온갖 새와 곤충, 작은 동물이 살았어요. 날마다 관찰하고 기록하고 그려야 할 것이 너무 많아서 유럽에서 가져온 종이와 수리남에서 구한 종이로도 모자랄까 봐 걱정될 정도였지요.

　문제는 무더위와 습한 기후였어요. 나와 도로테아는 수리남

에 온 지 얼마 안 돼 가벼운 옷을 입고 뜨겁게 내리쬐는 태양으로부터 머리를 보호해야 한다는 사실을 깨달았지요.

메리가 세심하게 도와줘서 나는 야생 식물들을 구분할 수 있게 되었고, 현지인들이 식물을 가지고 어떻게 상처를 치료하는지도 배웠어요. 우리는 밀림 깊숙한 데까지 들어가기도 했지요. 그럴 때면 안전을 책임져 주고, 커다란 낫으로 무성한 풀을 베 길을 만들어 주고, 우리가 나무에 올라가는 것을 도와줄 일꾼들을 데리고 갔어요. 날마다 새로운 자연을 경험하면서 감탄하기 바빴지요.

나는 왜 수리남에 과학자들이 얼마 없는지 의아했어요. 이곳의 자연을 관찰하는 생물학자가 한 무더기는 될 줄 알았거든요. 내 의문에 메리가 웃으면서 이렇게 말했어요.

"유럽인들은 돈을 벌기 위해 이곳에 와요. 곤충이나 꽃에는 관심도 없고요. 그 사람들에게는 사탕수수와 목화를 재배하는 일이 훨씬 중요하지요! 그래서 노예들을 부리는 거고요."

수리남에 이렇게 경이로운 생물이 넘쳐 나는데 고작 돈이 되는 작물에만 관심이 있다니, 안타까울 따름이었어요.

폭우가 쏟아지는 날은 집에만 있어야 했지만, 지루하지 않았어요. 이따금 자연의 신비가 찾아와 방문을 두드렸거든요. 멋진 파란 나비가 복도 한구석에 알을 낳기도 하고, 아름다운 새들이 지붕 위에 나뭇가지를 모으고 둥지를 틀기도 하고, 비늘에 윤기가 도는 뱀이 내 방에 스르르 기어 들어오기도 했어요. 이 모든 일이 자연이 내게 주는 선물 같았지요.

 동물의 위장술을 관찰하고 엄청난 양의 기록을 남긴 것도 그 무렵이었어요. 나는 천적을 피해 죽은 척하거나 몸 색깔을 바꾸거나 주변 환경과 비슷하게 꾸미는 동물들에 몰입했지요. 자신을 위장하는 동물을 묘사하는 일은 누구한테나 어려운 과제일 거예요. 동물이 형태를 바꾸는 순간을 포착해, 붓으로 그 이야기를 과장 없이 전달해야 하지요. 나의 한계를 뛰어넘는 작업이었어요. 하지만 이런 과제와 도전도 기꺼이 즐겼지요.

 매일이 설레고 신비한 모험의 연속이었지만 늘 좋은 일만 있었던 것은 아니에요. 하루는 신기해 보이는 벌레를 보고 손을 뻗었어요. 모르는 벌레를 함부로 만지면 안 된다고 메리가 그렇게 일렀는데도 말이지요. 역시나 벌레에 물리고 말았어요. 날카로운 고통이 손끝을 파고들더니 며칠 동안 앓았지요.

 메리는 내가 너무 무모하다며 크게 화를 냈어요.

 "벌레한테 물려 죽으려고 작정한 사람처럼 구네요!"

 메리의 목소리에는 두려움이 서려 있었어요. 어릴 때 남의 집 정원에서 튤립을 훔치다 걸렸을 때가 떠올랐지요. 나는 여전히 목표를 달성하기 위해서라면 물불 가리지 않는 성격을 버리지 못했어요.

 결국 나는 열대병에 걸려 극심한 고열에 시달리다 헛소리까지

했어요. 작업은커녕 침대에 누워 꼼짝도 못 하는 날이 이어졌지요. 도로테아와 나는 수리남에 좀 더 오래 머물고 싶었지만, 이런 상태로는 어림없었어요. 이제 집으로 돌아가야 했지요.

도로테아는 돌아갈 채비를 시작했어요. 그동안 수리남에서 수집한 연구 자료들이 한가득이었지요.

메리가 도로테아를 도와 짐을 쌌어요. 늘 밝고 활기가 넘치던 메리는 내내 침울한 표정이었지요. 메리는 우리와 함께 지내는 동안 호기심과 열정이 불타올라 열심히 작업을 도왔는데, 이제 헤어질 시간이 된 거예요. 메리는 내 가족과 다름없었어요.

나는 조심스레 메리에게 말했어요.

"우리랑 같이 갈래요?"

메리가 더할 나위 없이 활짝 웃었어요.

유럽으로 출발하는 배편을 구했어요. 나는 여전히 몸이 많이 아팠지요. 아마도 돌아가는 항해는 더 힘들 터였어요. 하지만 내 인생은 늘 모험의 연속이었지요. 우리 앞에 놓인 바다처럼 말이에요.

『수리남 곤충의 변태』 중에서 가장 첫 번째로 등장하는
'꽃이 핀 파인애플' 그림이에요.
마리아 메리안이 아메리카에서 가장 악명 높은 곤충이라고
표현한 바퀴벌레의 변태 과정도 함께 그렸어요.

열 번째 장면

고치에서 나오는 나방처럼 살아온 인생

"내가 마지막으로 그린 그림은
고치에서 나오는 나방이었어요.
결국 죽음도 우리가 일생에 걸쳐 경험하는
'변태'의 가장 마지막 단계가 아닐까요?"

"수리남에서 관찰한 생물들의 기록을 빨리 출간하고 싶어!"

1701년, 마침내 암스테르담에 도착했어요. 나는 몸이 많이 쇠약해져 간단한 일상생활을 하는 것조차 힘들었지요. 나는 누워 있으면서도 다시 작업실에 나갈 때만 기다렸어요. 앞으로 할 일들을 떠올리면 가슴이 설레었지요. 작업실은 떠날 때 모습 그대로였지만, 수리남에서 가져온 각종 표본과 연구 자료들로 새롭게 꾸며져 있었어요.

프랑크푸르트에 있는 마테우스 오빠가 편지를 보내왔어요. 뛰어난 철학자이자 과학자인 고트프리트 빌헬름 폰 라이프니츠가 내 작품에 대해 들었다며 직접 그림을 보기 위해 오빠의 작업실로 찾아왔다는 소식이었지요. 편지를 읽고 아주 잠깐이지만, 프랑크푸르트를 떠나온 것을 후회했어요.

'그 위대한 학자와 대화를 나눴다면 얼마나 좋았을까!'

사람들은 내가 경험한 수리남의 이국적인 생물에 관심이 많았어요. 나는 여기저기 초대를 받았고, 수리남 이야기를 할 수 있는 기회라면 절대 놓치지 않았지요. 하지만 그보다 더 중요한 일은 수리남이라는 멋진 땅에서 본 동식물들을 기록하고 그린 자료를 책으로 펴내는 것이었어요.

책을 만들기 위해 수리남에서 가져온 관찰 기록과 스케치와 그림 등 방대한 자료를 정리했어요. 나는 이 책을 만드는 일에만 매달렸지요. 도로테아와 요하나가 함께했고, 수리남의 자연을 그 누구보다 잘 아는 메리도 옆에서 내 질문에 답해 주고 잘못된 부분이 있는지 살펴봐 주었어요.

1705년 마침내 『수리남 곤충의 변태』라는 책이 세상에 나왔어요. 수리남의 다양하고 진귀한 곤충과 더불어 사는 식물을 살아 있는 듯 생생하게 묘사한 그림 60점을 판화로 찍고 내가 직접 채색한 책이었지요. 이 책에는 곤충과 식물을 함께 다뤘어요. 그림 하나하나마다 곤충의 알부터 어른벌레까지의 변태 과정뿐만 아니라 먹이식물을 함께 묘사했지요. 무엇보다 수리남의 곤충들을 실물 크기로 재현하고 싶었기 때문에 그동안 펴낸 책들보다 크기도 컸어요.

이 책은 네덜란드어판과 라틴어판을 함께 냈어요. 책은 학자들과 자연주의자들, 예술가들과 미술 애호가들로부터 커다란 찬사를 받았지요.

이 책이 반향을 일으킨 이유는 두 가지라고 생각해요. 첫 번째는 아무도 언급하지 않았던 주제를 다룬 색다른 책이기 때문이고, 두 번째는 지금껏 자기 연구를 하는 여성이 없었기 때문이에요. 여성인 내가 저 멀리 이국까지 가서 온갖 어려움을 극복하고 결실을 맺자 사람들이 깜짝 놀랐던 거예요.

책은 이후로도 많이 알려져 유럽 전역으로 퍼져 나갔어요. 영국 왕 조지 3세가 최고급 제본으로 사 갔다는 사실도 알게 되었지요. 나는 이 기쁨을 가족, 그리고 메리와 함께 나누었어요.

나는 예전에 독일에서 출판한 내 책들을 손수 라틴어로 옮기고 재출간했어요. 각색의 아름다움을 자랑하는 새들에 대한 책도 계획했지요. 나는 도무지 쉴 줄 모르는 사람인가 봐요.

점점 노쇠해지면서 도로테아에게 더 기댈 수밖에 없었어요. 요하나도 나를 돌보다가 새 일자리를 제안받은 남편을 따라 수리남으로 떠났지요. 큰딸 부부가 그 신비한 땅에 도착해 얼마나 즐거워할지 상상하는 것만으로도 입가에 웃음이 번졌어요.

내가 마지막으로 그린 그림은 고치에서 나오는 나방이었어요. 결국 죽음도 우리가 일생에 걸쳐 경험하는 '변태'의 가장 마지막 단계가 아닐까요?

『수리남 곤충의 변태』 중에서 나무에 사는 산누에나방의 알, 애벌레, 번데기를 단계별로 그리고 암컷(위)과 수컷(아래) 나방까지 세밀하게 표현한 그림이에요. 곤충이 탈바꿈하며 자라듯이 마리아 메리안도 끊임없이 변화하며 성장하는 삶을 살았어요.

부록

장면 밖 이야기

★ 마리아 메리안을 만나다

★ 5가지 과학과 예술 키워드로 보는
　　마리아 메리안의 삶

마리아 메리안을 만나다

과학자의 질문

? 마리아 메리안에게 '과학'이란 무엇인가요?

마리아 메리안의 답

! 과학은 질문하는 마음에서 시작하고, 관찰하는 눈으로 답을 얻고, 기록하는 손으로 증명해 가는 일이라고 생각해요. 내가 살던 당시에는 사람들이 '자연발생설'을 믿었어요. 고대 그리스 철학자인 아리스토텔레스가 주장한 이론으로, 곤충은 쓰레기 같은 썩은 물질에서 생겨난다고 생각했지요. 그래서 대부분 곤충에 관심이 없었고 심지어 곤충을 싫어하다 보니, 애벌레와 나비를 별개의 존재로 여겼어요. 하지만 나는 '나비와 나방은 어디에서 왔을까?'라는 질문을 마음에 품고 누에고치를 꾸준히 관찰했고, 결국은 고치를 뚫고 나오는 나방을 발견했지요. 그리고 내가 본 사실을 뒷받침해 줄 자료로 쓰고자 아주 세세하게 그림으로 기록했고요.

"과학 이론을 그대로 믿지 말고, 자연으로 나가 관찰에서 출발하길 바라요."

예술가의 질문

? 자연을 '기록'하는 그림도 예술이라고 생각하나요?

마리아 메리안의 답

! 내 그림은 '과학 그림'이에요. 자연을 있는 그대로 전달하고자 하면서, 동시에 생명체가 가진 경이로움을 잘 표현하고 싶었어요. 꽃을 그릴 때는 꽃잎, 수술, 암술, 꽃받침, 줄기, 잎사귀까지 구조 하나하나를 놓치지 않고 그리면서도, 꽃마다 가진 특유한 색감을 살리고 향기까지 담고 싶었지요. 곤충을 그릴 때는 다리와 몸통의 털, 홑눈과 겹눈, 날개의 무늬까지 세세하게 그리면서도, 먹이식물과 서식지를 함께 그려서 곤충의 삶을 조명하고 싶었어요.

"내 그림은 자연의 삶을 고스란히 느끼게 해 줘요. 그게 바로 예술의 힘이지요."

생명체의 몸짓을 보며 놀랍고 아름답다는 감정을 강렬하게 받는 그 순간을 놓치지 말아요. 경이로운 감정을 그림이든 글이든 자유롭게 표현한다면 누구나 예술가가 될 수 있어요.

철학자의 질문

곤충이 변태하면서 모습이 바뀌면, '정체성'이 사라지고 새롭게 태어나는 걸까요?

마리아 메리안의 답

나는 알에서 태어나 애벌레가 꼬물꼬물 기어 다니면서 먹이를 먹다가 어느 순간 번데기가 되었다가 날개를 달고 성장하는 모든 과정을 놓치지 않고 지켜봤어요. 곤충이 전혀 다른 모습으로 탈바꿈하는 일은 변화라기보다는 '이어진 삶'이라고 생각해요. 애벌레에서 시작해 나비로 성장했지만, 애벌레였던 삶이 사라지는 건 아니잖아요.

"변화는 사라지는 것이 아니라 다른 방식으로 존재하는 거예요."

생명이 태어나기 직전의 알도, 끊임없이 먹는 애벌레도, 조용히 시간을 보내는 번데기도, 하늘로 날아가는 나비도, 그 모든 순간과 그 모든 모습이 진실이라고 생각해요. 그래서 그날그날의 모습 자체를 관찰하려고 늘 애썼어요.

인류학자의 질문

? 마리아 메리안의 그림에는 '이야기'가 있어요. 그 이야기가 사람들에게 어떤 변화를 가져왔나요?

마리아 메리안의 답

! 맞아요, 나는 그림에 이야기를 담았어요. 자연이 들려주는 삶의 이야기 말이에요. 예를 들어 알, 애벌레, 번데기, 나비를 연결해 그리면, 사람들은 그림을 통해 곤충의 '이야기'를 이해하게 돼요. 곤충의 삶을 제대로 알게 되면서 사람들은 곤충을 생명체로 받아들였고, 무섭고 싫어하는 마음이 관심으로 바뀌었다고 생각해요.

"나의 관찰과 기록이 곤충도 인간처럼 살아가는 방식이 있다는 사실을 보여 준 거예요."

더 나아가 곤충에게 배울 점도 있어요. 세상은 정해진 것이 아니라 끊임없이 바뀌고 있다는 것, 그리고 그 변화는 무섭기보다는 아름다울 수 있다는 것을요.

5가지 과학과 예술 키워드로 보는 마리아 메리안의 삶

변태

곤충이 어른벌레가 되면서 형태나 구조가 변하는 것을 말해요. 나비, 나방, 벌 등처럼 알, 애벌레, 번데기, 어른벌레 이렇게 네 단계의 과정을 거치는 것을 '완전 변태'라고 해요. 메뚜기, 매미 등처럼 알, 애벌레, 어른벌레 이렇게 세 단계의 과정을 거치는 것을 '불완전 변태'라고 해요.

1647년에 독일 프랑크푸르트에서 태어나 1660년 열세 살 때에 누에를 직접 키우면서 곤충의 변태 과정을 처음 알아냈어요.

자연화

자연의 모습을 정확하고 자세하게 묘사한 그림이에요. 르네상스 시대부터 17세기 네덜란드, 그 이후까지 수 세기에 거쳐 유구한 역사를 자랑하는 회화 장르지요.

자연을 사실적으로 묘사하려는 노력은 예술 작품에만 한정되지 않고 학문적 지식을 바탕으로 동식물을 세밀하게 그리는 '과학 그림(Science Illustration)' 분야로도 이어졌어요. 르네상스 시대의 레오나르도 다빈치가 동식물의 생리학을 공부하고 그림으로 그려 정확한 자연 묘사 발전에 이바지했지요. 1751년부터 1780년에 걸쳐서 프랑스 철학자 드니 디드로와 장 르 롱 달랑베르가 펴낸 『백과전서』는 동식물과 과학 실험 도구 등을 자세히 묘사해 예술성과 과학 정보의 유익성 모두를 충족했어요. 1838년 미국 조류학자이자 화가인 존 제임스 오듀본이 펴낸 『아메리카의 새들』은 직접 새를 관찰하고 정확하게 묘사해 과학과 예술이 잘 어우러진 훌륭한 도감으로 평가받았지요.

> **1665년**에 요한 안드레아스 그라프와 결혼했고, **1675년**에 자연화로서 『꽃 그림책』 1권을 출간하고 뒤이어 2권과 3권도 펴낸 뒤에 모두 묶어서 **1680년**에 『새로운 꽃 그림책』을 출간했어요.

생태학

생물의 생활 상태, 생물과 환경과의 관계 등을 연구하는 학문이에요. 생태학은 생물의 다양성을 존중하고, 모든 생물이 서로 연계되어 있음을 이해하고, 지구의 생태계를 보호하는 일에 중요한 역할을 해요.

1679년에 『애벌레의 경이로운 변태와 독특한 꽃 먹이』 1권을 출간했어요. 이 책에서 주목할 점은 곤충과 식물을 서로 작용하는 공동체로 보고 함께 묘사해 생태학적 연구의 시작이라 볼 수 있다는 거예요.

현미경

눈으로는 볼 수 없을 만큼 작은 물체나 물질을 확대해서 보는 기구예요. 1670년대에 안톤 판레이우엔훅이 현대의 현미경과 가장 유사한 현미경을 만들어 세계 최초로 미생물을 관찰했어요.

1685년에 남편을 떠나 어머니, 두 딸과 함께 네덜란드 라바디스트 공동체에 들어가 라틴어를 배우고 과학 공부에 매진했어요. **1691년**에 암스테르담으로 가서 각종 책을 출간했고 다양한 지식인들과 교류했어요. 이때 안톤 판레이우엔훅에게 현미경이라는 도구를 빌려 더 자세하게 생물을 관찰하고 더 섬세하게 그림을 그렸어요.

곤충학

곤충의 분류, 생태, 형태, 행동, 생리, 유전, 응용 등을 연구하는 학문이에요. 곤충학의 역사를 살펴보면, 기원전 4세기 그리스 철학자 아리스토텔레스가 쓴 『동물의 역사』에 곤충을 외형적 특징에 따라 분류한 기록을 볼 수 있어요. 1665년 영국 물리학자 로버트 훅이 현미경으로 관찰해 곤충을 정밀하게 소개한 『마이크로그라피아』가 관심을 받았고, 18세기 프랑스 과학자 르네 앙투안 페르숄 드 레오뮈르가 『곤충의 역사를 위한 회고록』을 통해 곤충학의 기초를 마련하고 체계적인 과학으로 정립했어요. 19세기에는 연구 목적의 탐사와 곤충 수집이 활발해지면서 곤충학이 크게 성장했지요. 지금은 곤충학이 분류학, 생태학, 법곤충학, 생명공학에 이르기까지 다양한 과학 분야에 활용되고 있어요. 현대 곤충학자들은 곤충이 생태계에 미치는 영향, 곤충과 농업의 관계, 의약학과 기술 분야와의 융합 가능성까지 두루 탐구하고 있지요.

1699년에 둘째 딸 도로테아와 함께 수리남으로 출발했고, 수리남에서 다양한 생물을 관찰하고 기록했어요. 1701년에 암스테르담으로 돌아와 1705년에 『수리남 곤충의 변태』를 펴냈어요. 1717년에 세상을 떠났지만, 마리아 메리안이 평생 관찰하고 기록으로 남긴 그림과 글은 곤충학의 문을 열었고, 예술하는 과학자로서 커다란 업적을 남겼어요.

글 아날리사 스트라다
이탈리아 브레시아에서 태어났어요. 어릴 적에 곤충학자가 되고 싶었지만, 지금은 중학교 선생님이자 어린이와 청소년을 위한 책을 쓰는 작가예요. 다양한 책을 쓰고, 다양한 문학상을 받으며 활발하게 활동하고 있어요.

그림 엘리사 마첼라리
이탈리아 페루자에서 태어났어요. 이탈리아계 태국인 일러스트레이터이자 만화가로, 강렬한 색감과 현대 예술적인 표현이 돋보여요. 쓰고 그린 책으로 『쿠사마 야요이』가 있고, 그린 책으로 『전설의 꽃 기사단』 등이 있어요.

옮김 김배경
가톨릭대학교를 졸업하고 영국 스털링대학교에서 출판학 석사학위를 받았어요. 옮긴 책으로 '에코 소셜 액션' 시리즈와 『나는야 베들레헴의 길고양이』 등이 있어요.

해설 **장이권**
이화여자대학교 에코과학부 및 생명과학전공의 교수이며, 진화적인 관점으로 동물의 행동과 생태를 연구하고 있어요. 미국 캔자스 주립대학에서 나방의 의사소통 연구로 박사 학위를 받았고, 한국에서는 귀뚜라미·매미·개구리 등 다양한 토종생물의 생태를 연구하고 있지요. 자연을 연구실 삼아 밤낮없이 현장을 누비는 열정적인 야외생물학자이면서, 학자로서의 깊이와 시민으로서의 실천을 두루 중시하는 동물행동학자이기도 해요. 쓴 책으로는 『지금, 자연은? -나에게 도착한 자연을 듣다』 『하마는 왜 꼬리를 휘저으며 똥을 눌까?』 『야외생물학자의 우리 땅 생명 이야기』 등이 있습니다.

자연을 기록한 여성 과학자이자 예술가
마리아 메리안의 생각

곤충을 그려 보세요

초판 1쇄 2025년 8월 10일

글쓴이 아날리사 스트라다 | **그린이** 엘리사 마첼라리 | **옮긴이** 김배경 | **해설** 장이권
펴낸곳 책속물고기 | **출판등록** 제2021-000002호
주소 서울특별시 영등포구 양평로 157, 1112호
전화 02-322-9239(영업) 02-322-9240(편집) | **팩스** 02-322-9243
책속물고기 카페 http://cafe.naver.com/bookinfish
전자메일 bookinfish@naver.com | **인스타그램** @bookinfish
콘텐츠 프로바이드 와이루틴

ISBN 979-11-6327-180-2(73990)

*이 책의 내용을 쓰고자 할 때는 저작권자와 출판사 양측의 허락을 받아야 합니다.
*잘못된 책은 바꾸어 드립니다.
*값은 뒤표지에 있습니다.

 품명 아동 도서 | **사용연령** 10세 이상
주의사항 ◎ 종이에 베이거나 긁히지 않도록 조심하세요. ◎ 책 모서리가 날카로우니 던지거나 떨어뜨리지 마세요.
KC마크는 이 제품이 공통안전기준에 적합하였음을 의미합니다.